ミネルヴァ日本評伝選

浄土にも剛の者とや沙汰すらん

熊谷直実

佐伯真一 著

ミネルヴァ書房

刊行の趣意

「学問は歴史に極まり候ことに候」とは、先哲荻生徂徠のことばである。歴史のなかにこそ人間の智恵は宿されている。人間の愚かさもそこにはあらわだ。この歴史を探り、歴史に学んでこそ、人間はようやくみずからの正体を知り、いくらかは賢くなることができる。新しい勇気を得て未来に向かうことができる。徂徠はそう言いたかったのだろう。

「ミネルヴァ日本評伝選」は、私たちの直接の先人について、この人間知を学びなおそうという試みである。日本列島の過去に生きた人々の言行を、深く、くわしく探って、そこに現代への批判を聴きとろうとする試みである。日本人ばかりではない。列島の歴史にかかわった多くの異国の人々の声にも耳を傾けよう。

先人たちの書き残した文章をそのひだにまで立ち入って読み、彼らの旅した跡をたどりなおし、彼らのなしとげた事業を広い文脈のなかで注意深く観察しなおす——そのとき、はじめて先人たちはいまの私たちのかたわらによみがえってくる。彼らのなまの声で歴史の智恵を、また人間であることのよろこびと苦しみを、私たちに伝えてくれもするだろう。

この「評伝選」のつらなりのなかから、列島の歴史はおのずからその複雑さと奥ゆきの深さをもって浮かび上がってくるはずだ。これを読むとき、私たちのなかに新たな自信と勇気が湧いてきて、その矜持と勇気をもって「グローバリゼーション」の世紀に立ち向かってゆくことができる——そのような「ミネルヴァ日本評伝選」にしたいと、私たちは願っている。

平成十五年（二〇〇三）九月

上横手雅敬
芳賀　徹

熊谷直実銅像
（熊谷駅前，著者撮影）

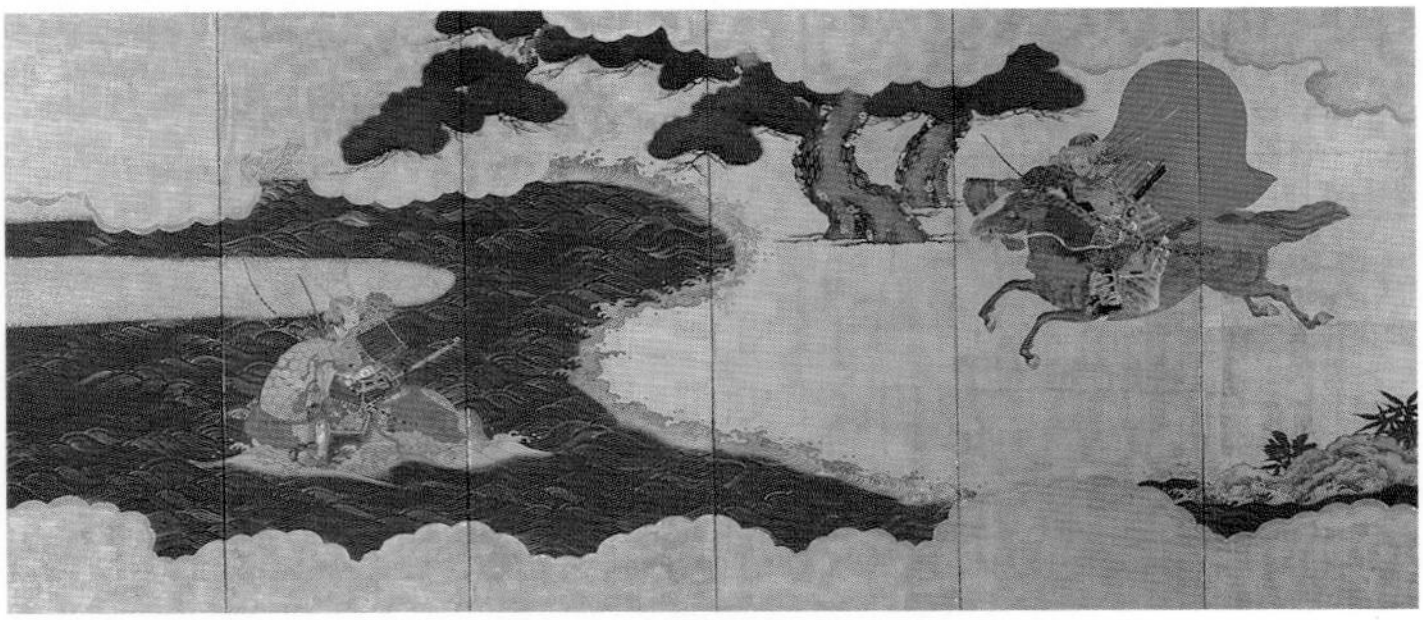

敦盛を招く熊谷直実
（『一の谷合戦図屏風』東京富士美術館蔵）

西に背を向けないために逆に馬に乗る熊谷直実
（『直実入道蓮生一代事跡』金戒光明寺・蓮池院蔵）

熊谷直実——浄土にも剛の者とや沙汰すらん

目次

目　次

第三章　出家と往生 …… 99

目次

図版一覧

序章　熊谷直実とは何だったのか

現代人にとっての熊谷直実

「熊谷直実を知っていますか？」と問えば、あなたはどう答えるだろう。「『平家物語』に出てくる、敦盛を討って出家した武士でしたっけ？」といった答えを返す人が多いだろうか。それは概ね正しい。ただ、現代人が抱いている熊谷直実のイメージは、彼が生きていた時代から今まで、ずっと変わらず伝えられてきたものではないかもしれない。

熊谷直実は現代でもなかなか有名な人物である。直実の出身地である熊谷市に行ってみよう。ＪＲ高崎線や上越新幹線、そして秩父鉄道が交差する交通の要衝である熊谷駅の北口に出れば、広い駅前広場の中央に直実の銅像が建っている。長崎平和祈念像を作ったことでも知られる北村西望の作で、市制施行四十周年を記念して、一九七四年に建てられたものという。地元の人々の直実に対する愛情の根強さを語るものといえるだろう（口絵参照）。

鎧兜に身を固め、馬にまたがった勇ましい武士の像である。扇をかざしているのは、敦盛を招いた有名な場面によるものだろう（第二章3節参照）。そして、台座には「熊谷の花も実もある武士道の香りや高し須磨の浦風」の歌が刻まれている。像の作者である北村西望の詠であるという。

インターネットで検索すれば、熊谷市観光局が「熊谷の偉人」として直実を紹介していたり、「ここ武蔵野の大里は　関東一の旗頭　直実公のふるさとぞ」などと歌う「直実節」の歌や踊りも目につく。直実は、郷土の英雄として、地域のアイデンティティの確立に重要な役割を果たしているようである。

熊谷直実と蓮生法師

しかし、熊谷直実のイメージとしてこうした勇ましい武士の像を思い浮かべるのは、当然のようにも見えるが、実は必ずしも伝統的なあり方ではない。たとえば、今から百数十年前に、新渡戸稲造は『武士道』で、直実に関する記述を、次のように書き始めている（第四章5節参照）。

> 日本美術の愛好者は一人の僧が後向《うしろむき》に馬に乗れる絵を知っているであろう、これは嘗《かつ》ては武士であり、盛んなりし日にはその名を聞くさえ人の恐れし猛者《もさ》であった。

「後向に馬に乗れる絵」とは、出家した直実すなわち蓮生《れんせい》法師が、西方の阿弥陀仏に背を向けないように逆向きに馬に乗ったという逸話に基づくものである（口絵参照。また、第三章3節参照）。つまり、新渡戸稲造にとって、熊谷直実といえばまず想起されるのは出家後の法師姿だったわけである。現代人には、「蓮生法師」という名はややなじみの薄いものになっている。しかし、今から百二十年あま

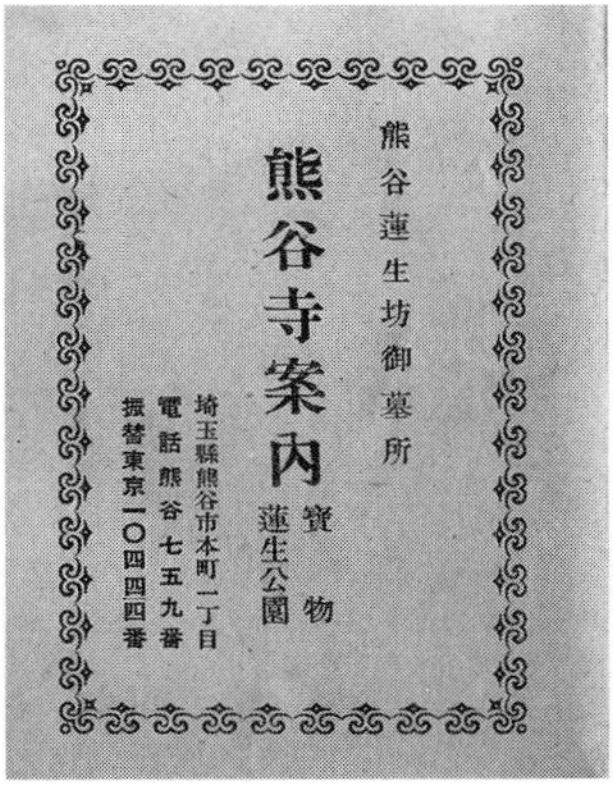

熊谷蓮生坊御墓所
熊谷寺案内
寶物
蓮生公園
埼玉縣熊谷市本町一丁目
電話熊谷七五九番
振替東京一〇四四四番

「熊谷蓮生坊御墓所　熊谷寺案内」
（折りたたみ一枚物）表（部分）

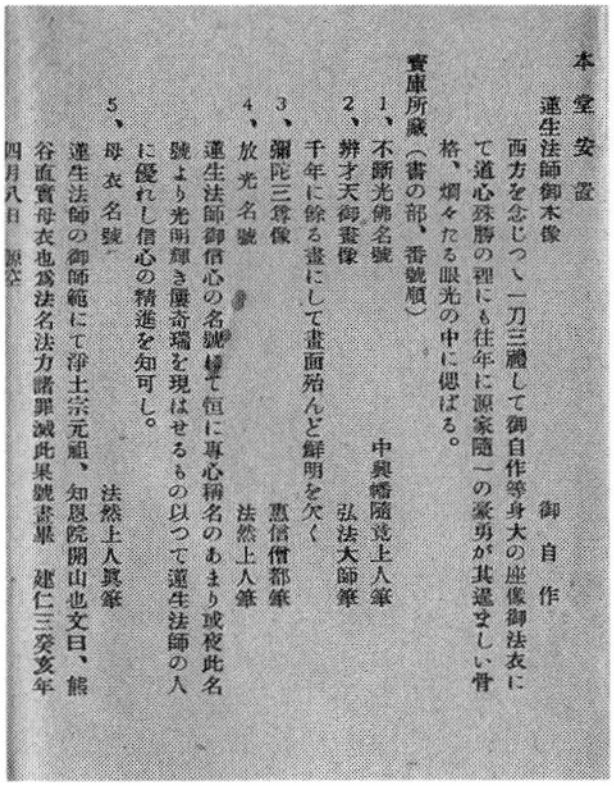

本堂安置
蓮生法師御木像　御自作
西方を念じつゝ一刀三禮して御自作等身大の座像御法衣にて道心殊勝の裡にも往年に源家随一の豪勇が其逞ましい骨格、炯々たる眼光の中に偲ばる。
寶庫所藏（書の部、番號順）
1、不斷光佛名號　中興幡随意上人筆
2、辨才天御畫像　弘法大師筆
千年に餘る畫にして畫面殆んど鮮明を欠く
3、彌陀三尊像　惠信僧都筆
4、放光名號　法然上人筆
蓮生法師御信心の名號にて恒に専心稱名のあまり或夜此名號より光明輝き靈奇瑞を現はせるもの以つて蓮生法師の人に優れし信心の精進を知可し。
5、母衣名號　法然上人眞筆
蓮生法師の御師範にて淨土宗元祖、知恩院開山也文曰、熊谷直實母衣也爲法名法力諸罪滅此果號書畢　建仁三癸亥年四月八日　源空

同・裏（部分）

り以前、新渡戸が『武士道』を著した頃までは、「熊谷直実」は、「蓮生」でもあったが故に有名だったのではないだろうか。

熊谷直実＝蓮生の足跡

実は、蓮生の足跡は今も各地に残っている。たとえば、右で紹介した銅像のある熊谷駅北口の左前方（北西）は熊谷直実の屋敷跡だが、そこには蓮生山熊谷寺《ゆうこくじ》が広い寺域を占めている。同寺は、かつては蓮生＝直実ゆかりの数々の宝物を積極的に観覧に供していたようで、「熊谷蓮生坊御墓所　熊谷寺案内」という二十世紀前半のパンフレットでは、「天覧　明治天皇陛下　大正天皇陛下」などとも謳っていた（ただし、現在では観光目的の拝観を謝絶していて、いきなり訪れても中には入れない）。

また、蓮生は法然のもとで浄土をめざして修行したので、その跡を残す寺は京都にも多い。現在、代表的な存在は金戒光明《こんかいこうみょう》寺《じ》だろう。浄土宗大本山の

金戒光明寺の熊谷直実・平敦盛供養塔
（奥が直実，手前が敦盛）

金戒光明寺は、法然が念仏道場を開いた黒谷《くろだに》の地、現在は平安神宮や岡崎神社の北、哲学の道の西側といった、京都観光の要地に広大な寺域を保っている。熊谷直実が法然を訪れたことにちなむ「鎧かけの松」や蓮池（兜之池）、そして、直実と敦盛の供養塔などがある。寺内の塔頭《たっちゅう》の一つである蓮池院《れんちいん》は、自作と伝えられる蓮生像や敦盛像など、多くの寺宝を蔵している（寺宝の類は、ふだんは公開していない）。ここでは、直実は重要人物なのだが、それは浄土宗の始祖・法然との縁によることなのである。

また、京都市の西南、長岡京市にある西山《せいざん》浄土宗総本山の光明寺（粟生《あおう》光明寺）は、『粟生光明寺絵縁起』（江戸初期以前成立か。第三章3節参照）によれば、蓮生がこの地で結んだ草庵、念仏三昧院をもととする。つまり、熊谷直実＝蓮生は、大寺院の開基なのである。現在も、豪壮な御影堂の中心には、法然上人の自作と伝えられる張り子の法然像の左側に、西山派《せいざんは》の祖である証空と蓮生の像が並んでいる。実際には、蓮生が、この縁起が述べるほど長くこの地に止住したとは考えにくいが、にもかかわらず蓮生がこれほど大きく扱われるのは、熊谷直実＝蓮生という存在が、後世の人々にいかに訴求力を持っていたかを物語るものだろう。

京都における蓮生ゆかりの寺院としては、もう一つ、熊谷山《ゆうこくさん》法然寺を挙げねばならない。法然寺も蓮生開基と伝え、近世の熊谷通俗伝記を代表する版本『熊谷蓮生一代記』や、それと密接な関係にあると見られる巻子本『蓮生法師伝』や掛幅絵『蓮生上人一代略画伝』を生んだ寺であった（第四章4節参照）。法然寺はもとは京都の中心部（現京都市中京区元法然寺町）にあったが、嵐山に移転している。現在では寺宝なども一般公開はせず、一部を熊谷市立熊谷図書館に寄託している。

熊谷直実ゆかりの寺は他にも全国各地にある。たとえば、藤枝市の熊谷山蓮生寺については第四章4節でふれる。それらの寺院は、数十年前までは、熊谷直実＝蓮生に関わる寺宝を所持することを誇りとし、積極的に観覧に供していたことも多いと見られる。だが、現在では右記の法然寺のように寺宝の一部を公的機関に寄託している場合もある。熊谷直実のゆかりを謳うことが参拝客を集める有効な手段たり得なくなった現在では、寺院が直実にまつわる数々の宝物を所持し、公開することのメリットも少なくなり、むしろもてあます場合も出てきているようである。そうした時代において、熊谷図書館のような公共機関が、郷土の誇りとして熊谷直実に関する品々を保存し、関連文献や伝説などに関する情報を集積していることは貴重であり、伝説などの文化を現代においていかに保存・継承するか、一つのモデルを提供しているといえるだろう。

粟生光明寺蔵の蓮生（熊谷直実）像

ともあれ、熊谷直実＝蓮生は、武士としてだけでなく、浄土信仰の僧としても、近年まで非常に有名な人物であった。強さを売り物とする武将などの有名さとは、性格を異にするのである。

本書のめざすもの

では、直実＝蓮生は、なぜそれほど有名になったのだろうか。一言でいってしまえば、直実が敦盛を討って発心したという物語が、多くの人々の心に広く、そして強く訴えかけたということである。下級武士として、生活のために血眼になって功名をめざしていた直実が、自分の息子と同年配の美少年を殺害するという行為の非道さを痛感することにより、武士という生き方をやめて信仰の道へと転じたという物語が、無数の人々の共感を呼んだのである。直実が有名になったのは、むしろ、武士であることをやめたからであるといってもよい。

現代日本人はなぜか戦国時代が好きなので、戦国武将を郷土の英雄として崇敬している例は各地に数多い。しかし、そうした武将たち、つまり武力によって一時的にある地域に、あるいは全国的に覇を唱えた「英雄」たちと、直実を同列に語ることはできない。物語によって日本人の精神史に与えた影響に関する限り、直実は、そうした「英雄」たちとは比較にならないほど大きな力を持っているからである。

ただ、その物語の史実性はよくわからない。本書は、この物語については、その史実性よりも、なぜこの物語が非常に多くの人々の心に訴えかけたのかという精神史的な問題を、最大の問いとして設定したい。それは、過去の人物の考証を越えて、現代に生きる私たちにとって重要な問題を提起してくれるからである。人を殺すことの罪深さ、恐ろしさを語る物語は、人々にどのように受け入れられたのだろうか。それは、興味深く、重要な問いなのではないか。

とはいえ、もちろん、歴史上の実在人物である熊谷直実の人生がどのようなものであったのか、その事実に肉薄することも重要である。直実は関東の下級武士であり、都の貴族のように史料が残っているわけではない。その生い立ちなどについては不明な点も多い。しかし、晩年、蓮生法師として生きた時期については自筆史料も残っており、その心に迫る手立てもなかなか多く残されている。『平家物語』の中では、直実は「弓矢とる身ほど口惜しかりけるものはなし」（武士ほどいやなものはない）と、武士としての生を否定したと描かれる。敦盛に象徴される都の文化の優雅さに比して、東国武士である自分の野蛮さを恥じたとも伝えられる。だが、実際の熊谷直実＝蓮生は、僧となってからも、武士らしさを十分に保った人物であったようだ。武士としては剛直に勲功をめざし、そして僧としてはひたむきに浄土をめざした熊谷直実＝蓮生という人物の実像に迫ることもまた、本書の重要な目的である。

そのような目的を設定した上で、本書は、第一章では熊谷直実の生い立ちと基本的な資料の扱い方について、第二章では『平家物語』に描かれる熊谷・敦盛の物語について、第三章では合戦後の熊谷直実＝蓮生の出家と往生について、第四章では直実の死後、日本人がこの人物をどのように語り継いでいったのか、その変化に富んだあり方を見てゆきたい。そして最後に、現代に生きる私たちが熊谷直実から何を学ぶことができるのかを考えて、まとめとしたい。

第一章　生い立ちと生き方

1　熊谷直実の素姓

「熊谷」は何と訓む？

まず、熊谷直実という人物について、基本的な事実をおさえておきたい。しかし、直実の実伝については、よくわかっていないことが多い。素姓や生没年など、基本的なことを確認すると同時に、熊谷直実伝のよりどころをどのように築くことができるのか、基本的な史料やその扱い方などについて、あらあら見てゆくこととしよう。

最初に訓みの問題。「熊谷」には、「くまがい」「くまがや」「くまがえ」の訓があるが、どれが正しいのか。現在、一般的な訓みは「くまがい」だろう。また、埼玉県熊谷市の地名は「くまがや」である。しかし、『平家物語』諸本では、仮名書きにする場合は「くまがへ」「くまがえ」が多い。漢字表記では「熊谷」が普通だが、『源平闘諍録《げんぺいとうじょうろく》』などのように「熊替」とするものもある。その他の史料に、熊谷氏と見られる人物を「熊江」「隈替」などと表記した例もあり、そうした意味では、中世には普通、「くまがえ」と読んだようである。ただし、直実自身の筆と見られる大東急記念文庫蔵『請願状』（一八頁参照）には「くまがやのにうだう」とあり、その意味では「くまがや」も捨てがたいし、「え」と「い」の発音の区別は得てしして曖昧である。ここでは、一応「くまがえ」を良しとしつつ、他の訓みも否定しない。

熊谷氏は平氏か

次に熊谷氏について考えてみよう。熊谷氏は一般に桓武平氏とされる。萩市・熊谷家所蔵『熊谷氏系図』（『大日本古文書・熊谷家文書』二五六）や、『続群書類従』所収の『熊谷系図（安芸郡安北郡三入庄主）』、同『熊谷系図（平姓）』、同『北条系図』など、主な熊谷系図は桓武天皇を祖先に戴く平氏としている。これらは、平貞盛の子孫、平維方から、維方―盛方―直貞―直実と続いたのが熊谷氏であるとして、同じ維方の子孫である北条氏と近縁関係にあるとしている。「坂東八平氏」などといわれるように、関東の武士には桓武平氏を称する者が多い。熊谷氏もその一つだというわけだが、しかし、これは事実だろうか。

『熊谷系図（安芸郡安北郡三入庄主）』（続群書類従・六上所収）は、系図部分の後にかなり長文の記事を付記している。それによって、直実の祖父以来の熊谷氏の運命をたどれば、おおむね次のようなことになる。

直実の祖父・盛方は北面の武士であったが、勅勘を蒙り、二歳の直貞を抱いて都を忍び出て、武蔵国に落ち延び、「小沢大夫」（未詳）のもとに落ち着いた。直貞は、その後、「成木大夫」（未詳）の婿になった。直貞が十六歳の時、武蔵国大里郡内（現熊谷市周辺）に熊が現れ、人々を苦しめたので、私市《きさい》党の一門が集まって、「この熊を他家の者に退治されるようなことになっては一家の恥辱である。これを退治した者は、私《し》の党（私市党）の旗頭として、熊谷の地三百町を知行させる」と決めた。そこで直貞は、たった一人で熊を退治し、所領を得た。ところが、直貞はわずか十八歳で亡くなってしまった。そのため、その子の直正は三歳、直実は二歳で、成木大夫の子である久下権守に養われた（兄の直正については、十八歳、あるいは二十八歳で死んだなどと系図類に記されるが、未詳）。

都からの流離、熊退治による所領獲得、にもかかわらず父の若死にによる没落といったドラマ性に富んだこの所伝は、一見して疑わしいものである。熊退治は「熊谷」の地名に基づいて作られた逸話だろうが、「熊谷」などといった地名の「クマ」は、河の折れ曲がった所をいう「隈」と見るのが自然であり、熊がいたから熊谷というわけではあるまい。

『熊谷系図』の付載記事は、右の記事の後に続く石橋山合戦の記述では、梶原景時が頼朝を助け、さらに頼朝が隠れた木のうろからは鳩が二羽飛び出したために難を逃れたとする。これは、明らかに源平盛衰記の影響を受けている（後述する石橋山合戦の場面）。源平盛衰記は『平家物語』の異本の一つで、最も記事量が多く、南北朝から室町時代頃に成立したと見られるものである。つまり、この系図の付載記事は、かなり後の時代に創作された可能性が強い。そのような点なども考えれば、この系図の所伝をそのまま事実と信じることはできない。

熊退治の物語は、伝説として今も現地に根付いているものではあるが、直実の祖父が平氏の血を引く都の武士だったという所伝自体が虚構ではないかと疑ってかかる必要があるだろう。

熊谷氏と丹治氏

『熊谷市史・前編』は、熊谷氏の始祖について、「桓武平氏の出であるという説と宣化天皇よりの出であるという二説がある」として、後者の説を示す例として、『黄能谷氏家記』・『小田原記』・『七党系図』玉敷神社条を挙げる。「宣化天皇よりの出である」とは丹比《たじひ》（多治比、丹治）氏であることを意味する。丹比氏は宣化天皇の子孫とされる古代氏族で、古代から河内国をはじめとする諸国に分布し、武蔵七党の一つである丹党も丹比氏の子孫とされる。

『熊谷市史・前編』は「熊谷氏系図」「熊谷系図」「姓氏分脈」などを紹介して、直実は寿永二年（一一八三）十一月一日に、頼朝の命により、本姓に復し丹治を称した、直実を「熊谷次郎丹治直実」と称するのは、これによるのであると述べている。八代国治・渡辺世祐『武蔵武士』も、「熊谷は姓丹治、祖父左衛門尉盛方は……」云々と、「丹治」姓の熊谷氏が熊谷に住み着くまでを記す「熊谷系図」を紹介している。

熊谷直実が「丹治直実」とも名乗ったことは、たとえば百二十句本『平家物語』巻九の熊谷状記事にも、直実が「丹治直実」と署名したという形で見える（熊谷状については、第二章4節参照）。江戸時代の『古状揃』に見える署名も同様である。また、梶村昇は『丹比姓熊谷系図』を紹介している。このように、直実の出自を丹比氏とする説も、多くの資料に見られるわけである。

『熊谷市史・前編』は、平氏説と丹比氏説を併記した上で、「熊谷氏が平氏であるという説は、平安末期に平氏の一族が私市党の熊谷氏を継承したためか」「直実自体は桓武平氏の出であるが、熊谷氏の祖は宣化天皇の裔であるということになる」とまとめている。しかし、これは『熊谷系図』の所伝にのりつつ、平氏・丹比氏の両説を折衷したものに見えるが、前述したように、そもそも、『熊谷系図』の所伝自体、疑ってかかるべきではないだろうか。

党の武士と熊谷氏

太田亮『姓氏家系大辞典』は、「諸系図は皆熊谷を北条と同族とす」と、熊谷平氏説を紹介しつつ、熊谷氏が大里郡熊谷郷から発祥した氏で、私市党と関係が深いことを指摘し、平氏説は虚構であろうと指摘する。右の『熊谷系図』の所伝でも「私の党の旗頭」の語が見えたが、私市党は、現在の埼玉県北東部あたりの地域を本拠とした土着の小集団、党の武士である。「私の党」はその頭文字「私」をとった異称であり、後代の文献では「篠党」などと書かれることもあるが、当て字である。『平家物語』では小身の武士の代表のように描かれる河原高直・盛直兄弟も、私市党の武士であった（後述）。

また、『姓氏家系大辞典』は、熊谷氏を丹比（多治比、丹治）氏とする説も紹介しつつ、これも私市党が丹党と関係が深いために発生した説であろうとしている。

桓武平氏や清和源氏などといった高貴な血筋を受け、たくさんの家人を抱える「大名」が、大資本の系列に属する大店舗だとすれば、血縁などによってつながった在地の小集団の連合体である「党」の武士は、地元の駅前商店街にでもたとえられようか。「武蔵七党」といわれるように、武蔵国にはこうした土着の小武士団が多かった。「七党」とは、たとえば系図綜覧本『武蔵七党系図』によれば、横山党・猪俣党・野与《のいよ》党・村山党・西党・児玉党・丹党の七つを指すが、『書言字考節用集』や伊勢貞丈の『貞丈雑記』では野与党がなく、代わりに私市党が挙げられる。その他、屋代弘賢『武家職号』では村山党の代わりに都筑党が挙げられている。おそらく、「七」はもともと多数を表す便宜的な数字であり、このうちのどれか七つが本来の「七党」だというわけではあるまい。私市党も丹党も、そのような武蔵国に数多い「党」の一つであった。こうした武士たちについて、祖先の系譜を考証するのはなかなか困難なことである。

熊谷氏も、そうした土着の「党」の武士であり、血統や先祖の系譜は正確に見定めがたいが、桓武平氏につながる系図は、熊谷直実が名を成した後に仮構されたものではないかと疑われるのである。熊谷直実について考える上で重要なのは、血統よりも、彼がこうした党の武士であったということではないだろうか。

熊谷氏と私市党

もっとも、このように考えてくれれば、右の『熊谷系図』の所伝も、何らかの事実を含んでいるらしいことに気づく。熊退治のくだりが、何の前置きもなく私市党の問題として描かれる点などは、熊谷氏が実は私市党に属していたことを、問わず語りに語ってしまっているといえよう。そういえば、盛方は「小沢大夫」を頼って落ち延び、「成木大夫」の婿になったというのだが、「小沢」も「成木」も、『私市党系図』（東大史料編纂所蔵・浅羽本系図。『埼玉県史別篇四』所収）に見いだされる名であり、「小沢郷」は現在の東京都稲城市、「成木郷」は東京都青梅市周

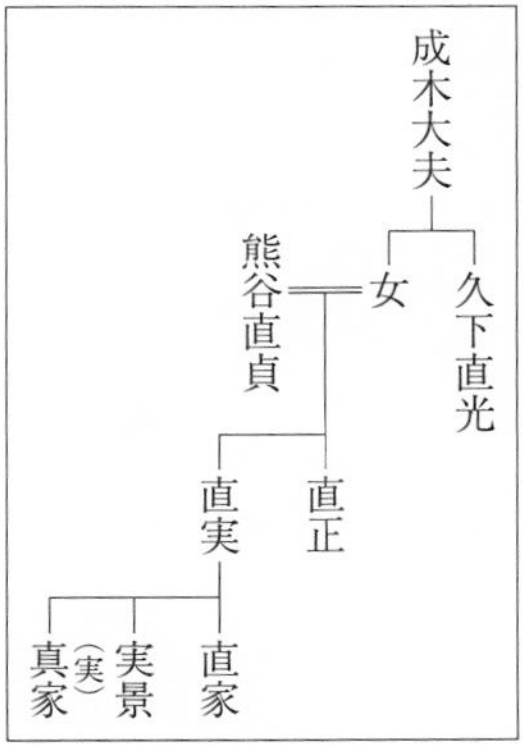

略系図 1
（久下直光の位置は『熊谷系図』による）

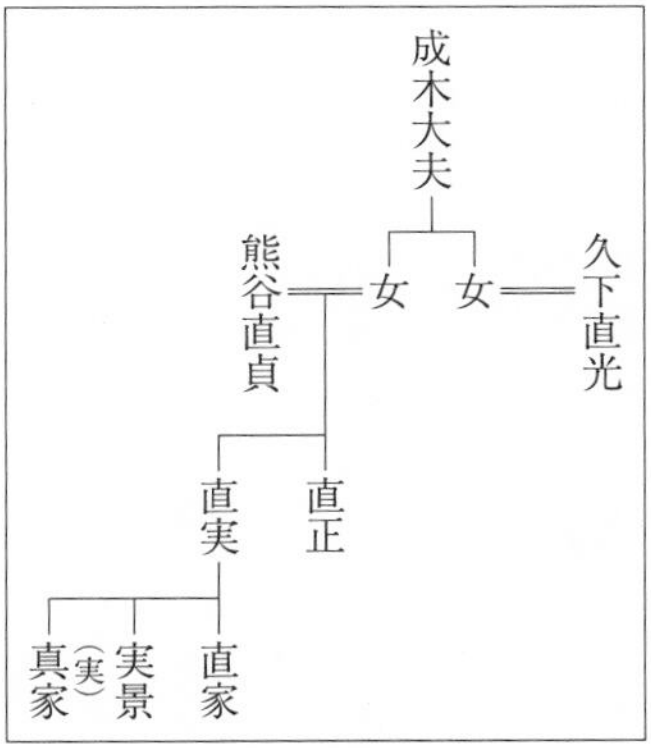

略系図 2
（久下直光の位置は『吾妻鏡』による）

辺であったかと見られる。

そして、幼い直実兄弟を保護したという久下氏は、『私市党系図』において、「久下太郎為家」に始まり、為家―重家―則氏―憲重―直光と続く、有力な一族である。「久下郷」は、武蔵国大里郡内にあり、『和名類聚抄』に見える大里郡郡家《ぐうけ》郷を継承したと見られる地名で、現在の熊谷市久下に名を残している。そして、この久下権守直光こそが、後に、直実と所領を争う訴訟で頼朝の前で対決したと『吾妻鏡』建久三年（一一九二）十一月二十五日条に記される人物であり、直実と近い関係にあったことは疑いない（本章第2節及び第三章参照）。

従って、右の『熊谷系図』の所伝から、熊谷氏を桓武平氏の血統に接続する点、都の北面の武士であったという家柄を描く点、そして熊退治などの物語的な脚色を施す点などを洗い落としてみれば、武蔵国の私市党の中に、あるいはその周辺にいた、在地の武士としての熊谷氏の姿が浮かび上がってくるように思われるのである。

ともあれ、熊谷直実に関わる系図として、本書にとって必要なことを、簡単にまとめておこう。略系図1と2の違いは、久下直光の位置にある。久下直光は、『熊谷系図』の記述には「成木大夫が子」とあり、それによれば略系図1のようになる。しかし、『吾妻鏡』建久三年十一月二十五日条には「直実姨母夫」とあり、それによれば略系図2のようになる。

直実の生年

次に生年である。熊谷直実はいつ生まれたのか。在地の武士である直実の誕生をリアルタイムに記した記録などはもちろん残っておらず、直実の生没年については諸説が入り乱れている。現在、事典類などに一般的に記されているのは、永治元年（一一四一）生、承元二年（一二〇八）没とする説だが、これは『大日本史料』承元二年九月十四日条に引かれる『諸家系図纂』北条系図（『続群書類従』所収『北条系図』と同内容）の記載によるものだろう。こうした系図が必ずしも信頼できないことは右にも見てきたとおりだが、この場合、没年が『吾妻鏡』承元二年十月二十一日条に見える直実の往生記事に一致するので、信頼性の高いものとされてきたわけであろう。従来、直実伝のみならず、この時代の歴史において、『吾妻鏡』は根本史料の役割を果たしてきたといっても過言ではない。

しかし、『吾妻鏡』の史料性については、近年、再検討の気運が高まっている。たとえば『平家物語』との対比において、かつては『吾妻鏡』は史実、『平家物語』は虚構という図式のもとで論じられることも多かったが、最近では、『吾妻鏡』も『平家物語』も、日記類から物語的な資料まで、さまざまな素材を集め、編集して作られた書物である点では基本的に同様であり、場合によっては『平家物語』諸本の方がより史実に近い記述を見せる場合があることは常識化しつつある。編纂史書であるから、もとになった素材が虚構を含んでいれば、『吾妻鏡』にも虚構が含まれることになる。また、素材自体は事実を伝えていたとしても、その内容を『吾妻鏡』の立場から改変したことも考えられるし、わざと改変したわけではなくとも、編集する際に間違った位置に貼りつけてしまったために、事実とは異なる年月日に記事が置かれてしまったという例も知られている。

熊谷直実伝についても、『吾妻鏡』を無前提に信頼するわけにはいかない。特に最近、林譲が、直実の出家と往生の問題について、熊谷家文書や清涼寺文書、『法然上人伝』などとの比較検討から、『吾妻鏡』の記事には必ずしも信を置けないと論証したことは、きわめて注目すべきである。出家と往生の問題については第三章で述べるとして、ここでは生年の問題を考えておこう。

『法然上人伝』の信憑性

『法然上人伝』と呼ばれる書物には各種あるが、中でも最も著名ないわゆる『四十八巻伝』（『法然上人行状絵図』『勅修御伝』などとも呼ばれる）は、第二十七巻をまるごと熊谷直実関係の記事にあてている。その中に、直実が上品上生の願を起こしたとする誓願が引用される（上品上生の願については第三章3節参照）。そこには、

> 于時《ときに》元久元年五月十三日午時に、偈の文をむすびて、蓮生いま願をおこす。熊谷の入道、としは六十七也。

という文がある。これによれば、直実は元久元年（一二〇四）に六十七歳だったわけであり、だとすれば、生年は保延四年（一一三八）となる。

そして、これとほぼ同文が、直実自筆と見られる大東急記念文庫蔵『請願状』にもある。つまり、『法然上人伝』の元久元年（一二〇四）当時六十七歳という記述は、直実自身の書状を引用したものである可能性が強いといえるわけである（大東急記念文庫蔵『請願状』は、同文庫に「鎌倉時代縁起残欠」の名で蔵され、水原一が「誓願状（仮題）」として紹介・翻刻したものだが、直実自筆の『誓願状』と呼ばれる、より有名な熊谷直実自筆文書が京都の清涼寺にあり、混乱しやすい。本書では両者を区別するために、大東急記念文庫の方を高橋修編『シリーズ・中世関東武士の研究・二八　熊谷直実』にならって『請願状』と呼んでおくこととする。両者は内容も類似するが、清涼寺蔵『誓願状』は大東急記念文庫蔵『請願状』よりはるかに長文ながら、ここで問題にしている文はない。第三章1節参照）。

このようなわけで、直実の生年は、『吾妻鏡』による従来の通説よりも三年早く、保延四年（一一三八）と考えておきたい。この他、先に見た続群書類従所収『熊谷系図（安芸郡安北郡三入庄主）』では、承元三年（一二〇九）没、八十四歳としており、これなら大治元年（一一二六）生まれとなるが、根拠不明であり、この説は採らない。さらに、『系図纂要』の承久三年（一二二一）没、八十歳説などは明らかに誤りを含んでおり、こうした諸説については一々とりあげない。なお、没年については第三章5節で検討するが、これも『吾妻鏡』の記述よりも『法然上人伝』の記す建永二年（一二〇七）の方が信憑性が強い。

以上、熊谷直実の生い立ちについて、基本的な事柄を確認してきた。直実は、おそらく、武蔵国の私市党周辺の武士の生まれであり、頼朝が挙兵して治承・寿永の内乱が始まる治承四年（一一八〇）には、四十歳を過ぎていたと見られる。

2 所領への渇望

直実の青少年期

ここまで、熊谷直実の生い立ちを見てきたが、彼の青少年期についてわかることは少ない。怪しげな史料ながら、もう一度『熊谷系図（安芸郡安北郡三入庄主）』の付載記事に戻ろう。先にも見たように、この記事によれば、直実の父・直貞はわずか十八歳で亡くなってしまったため、直実は二歳の時から久下権守に養われたという。久下権守とは、直貞の舅であった成木大夫の子とされるので、つまりは直実の母の兄弟であったということになる。これは、ある程度信頼できる記述である。この人物は、先にもふれたように、また、第三章1節で『吾妻鏡』を引いて詳しく述べるように、後に直実と訴訟で対決する「久下権守直光」と見られるからである。

『吾妻鏡』建久三年（一一九二）十一月二十五日条は、久下直光と熊谷直実の対決を記すついでに、直実の略伝をも記している。それによれば、直光は直実の「姨母夫」（おばの夫）であり、その縁で、直実は、かつて、直光の代官として京都の大番役（東国武士が交替で京都を警護する役）を務めたという。『熊谷系図』の所伝とは微妙に異なるが、直光が直実の母方の親族であり、直実は直光の保護下にあったという点で、概ね符節が合うといえよう。読み本系の『平家物語』は、石橋山合戦の場面で、延慶本は「久下権守直光、子息熊谷二郎直実」と記し、長門本は直実を直光の「舎弟」とする。これも、直実を久下直光の保護下にある親族とする情報を伝えたものであろう（なお、『平家物語』の諸本については、本章末尾で簡単に説明する）。

おそらく、幼少年期の直実が直光の保護下ないし支配下にあったのは事実だろう。あるいは、久下直光は、熊谷直実の父・直貞の若死にに乗じて、本来は熊谷氏の所領であった土地を奪ったのだと想像することも可能であろう。本章第3節で見るように、直実は佐竹氏討伐などの勲功により、直光の「押領」を停止して、武蔵国の旧領を回復したとされている（『吾妻鏡』寿永元年〈一一八二〉六月五日条）。久下直光の保護はそこでは「押領」を伴うものと記されているわけである。

『吾妻鏡』建久三年十一月二十五日条の略伝によれば、直実は直光の代官として京都に上り、大番役を務めていたことがあるが、その頃、武蔵国出身の同僚たちが直実に対して無礼を働いたという。父を失い、親族に養われる頼りない身の直実が軽んじられたのだろうか。それに怒った直実は、その鬱憤を晴らすために平知盛に属し、多年を送ったという。短気で直情径行の直実らしい話ではあるが、いつ頃、何があったのか、具体的なことがわからないので、史実の確かめようはない。

源氏の傘下から平家の傘下へ

史料が少ない中で、青年期の直実について考える材料を挙げるとすれば、『保元物語』である。『保元物語』にも諸本があるが、その中で古態を示すとされる半《なから》井《い》本《ぼん》や京《きょう》図《と》本《ぼん》で、保元の乱（保元元年＝一一五六）の際、源義朝勢の武士を列挙する中に熊谷直実の名が見える。ただし、『保元物語』諸本の中で、ここで直実の名を挙げるのは半井本・京図本ぐらいで、名を記さない諸本も多いし、半井本などでも列挙の中に名が見えるのみで、直実が目立った活躍をするわけではない。従って、直実が合戦に加わったという確実な証拠とはいいにくいのだが、もしそれが事実であるとすれば、当時おそらく二十歳に満たない若武者だった直実は、京都で義朝勢に加わっていたことになる。

保元の乱の頃ならば、直実が義朝勢に加わったとしても不思議ではない。源義朝は関東に勢力を張っていたからである。高橋修が指摘するように、保元の乱の直前にあたる久寿二年（一一五五）八月、武蔵国で起きた大蔵合戦で、直実は義朝の配下で戦った可能性がある。大蔵合戦は、源義朝の嫡男・悪源太義平が、義朝の弟の義賢（木曽義仲の父）の大蔵館を襲い、義賢を討ち取った合戦であった。武蔵国の覇権をめぐって叔父と甥が戦ったわけだが、この大蔵館とは、現在の埼玉県比企郡嵐山町で、熊谷にほど近い。直実がこの合戦と無縁であったとは考えにくいとすれば、この頃には義朝の傘下にあったものだろうか。その翌年に、義朝勢の一員として保元の乱に参加したとすれば、久下直光の代官として京都に滞在していて、乱に遭遇したと考えられよう。

前述のように『吾妻鏡』は、直実が平知盛に属したとするが、源義朝の傘下から平家の傘下へ移ったのは、平治の乱（平治元年＝一一五九）以降のことであろう。武蔵国は、久安六年（一一五〇）以降、藤原信頼の知行国だったが、信頼が平治の乱で斬首され、とって代わったのが平知盛だった。知盛の武蔵国知行は、以後、平家の没落まで続いたと見られる。

平治の乱で信頼も義朝も討たれた後、武蔵国の武士たちが知盛になびいたのは当然のことであった。たとえば、『平家物語』諸本の一ノ谷合戦では、武蔵国の児玉党が、義経の坂落で平家陣の搦手が破れたので、早く逃げるように知盛に忠告したという場面がある。児玉党は源氏側に属していたにもかかわらず、敵の知盛に忠告したというあたりに、武蔵国武士団と知盛の関係がうかがえる逸話である。永暦元年（一一六〇）以降ならば、別段、『吾妻鏡』が描くような大番役の頃の同僚による無礼の事件などなかったとしても、直実が知盛に属するのはむしろ自然なことであったといえよう。

武士としての独立

だが、前述の『吾妻鏡』の記事で注意すべきは、直実が自分自身の判断で、久下直光の代官という立場を捨てて知盛に属することを選んだように書かれていることである。ここから先は推測だが、後年の訴訟などから考えて、直実が、久下直光の保護下からの独立を望んだことは確かだろう。それは、直実の立場としては、久下直光に「押領」された父・直貞の旧領を回復するということであった（これは直実の言い分であり、久下直光には直光の言い分があっただろうが）。これ以降、武士としての直実の行動は、すべて所領回復とその拡大という目的によるといっても、過言ではなさそうである。おそらく、久下直光のもとで、いくつかの屈辱をなめた直実は、所領を持った武士として独立せねばならないと心に決めたのだろう。

しかし、直実にとって、独立は非常に困難なことだったに相違ない。四十歳頃までの直実が実際にどの程度「独立」していたのかはわからないが、あまり豊かとはいえない武士であったことは確かだろう。おそらくは、その状況を改善する具体的な方途も見えないままに初老を迎えてしまった直実にとって、突然勃発した頼朝挙兵、引き続く治承・寿永の内乱は、大きな希望をもたらすものだったのである。その具体的な経過はこの後に詳しくたどってゆくことになるが、その前に、直実にとって頼朝挙兵がなぜ希望をもたらすものだったのか、少し時間を先取りして見ておくこととしたい。

御恩と奉公

頼朝は、治承四年（一一八〇）八月に伊豆で挙兵し、石橋山で敗れたものの、安房に逃れてからは見る見るうちに関東の武士たちを味方につけて、東国を席巻した。そして元暦二年（一一八五）三月には、平家を壇ノ浦で滅ぼし、鎌倉政権を確立するのである。頼朝がこれほど鮮やかに勝ち抜いた理由は何だったのだろうか。

その中心的な理由は、頼朝が、「御恩と奉公」、つまり、武士は主君のために尽くし、戦う代わりに、主君はそれに応じた恩賞を与えるという論理に基づいて、頼朝のために戦った武士には、その働きを公正に評価して恩賞を与えるというシステムを早くから作ったことにあるだろう。中国の制度を模倣した古代律令体制の公式的な論理では、公民は国家の必要に応じて働く義務があり、戦争が起きれば徴兵に応じて戦地へ赴かねばならない。しかし、その論理は、自分自身のために戦い、自分の身を自分で守り、自力で富を勝ち取るという自力救済の論理で生きてきた日本の東国武士たちの心情とは、かけ離れたものであった。戦場で武器を取って戦う武士たちは、都にいて顔もろくに見たことのないような主君に、一方的に尽くすために命をかけているわけではない。まして「国家」などという観念はほとんど無きに等しい。自分の生活のために戦っているのである。「どんなに働いても給与は同じ」という職場では、なかなか労働意欲がわかない。まして、命をかけて戦う戦場で反対給付も無しに戦えといっても、それは無理というものである。日本の武士たちは、自分の働きが必ず報いられるという体制でこそ、戦いに専念したわけである。

そうした体制のもとで、家柄に恵まれない「党の武士」たちは、一攫千金を夢見てよく戦った。所領一所に命を懸ける、「一所懸命」の戦いである。たとえば、『平家物語』の描く一ノ谷合戦では、西党の平山季重《ひらやますえしげ》は直実と先陣を争った。また、私市党の河原兄弟が大手の先陣を遂げて討死したことは、この後で述べる。さらに、猪俣党の猪俣小平六則綱は越中前司盛俊を討ち取り、同じく猪俣党の岡部六弥太忠澄は平忠度を討ち取ったとされる。とりわけ、猪俣則綱が盛俊をだまし討ちにして、その首を親族の人見四郎と奪い合う話は、戦いの現場の非情さをあますところなく伝えている（佐伯真一『戦場の精神史』参照）。これらは、所領にかける武士たちのすさまじいまでの執念を描き出しているといえよう。こうした武士たちの戦闘意欲を最大限に引き出したところに、頼朝軍の勝因があったはずである。そして、直実は、疑いもなく彼らの「傍輩《ほうばい》」（同僚）であった。

御家人は皆傍輩なり

「傍輩」という言葉を使ったのにはわけがある。『吾妻鏡』文治三年（一一八七）八月四日条、平家を滅ぼして安泰となった鎌倉で、鶴岡八幡宮の放生会《ほうじょうえ》があり、その行事の一つとして流鏑馬《やぶさめ》が行われた。流鏑馬は馬を走らせながら的を射る競技であり、射手の他に的立《まとたて》の役が必要となる。的立役を命じられた直実は、怒ってこう言ったという。

御家人は皆傍輩なり。しかるに射手は皆騎馬なり。的立の役人は歩行なり。すでに勝劣を分かつに似たり。かくのごときの事においては、直実、厳命に従ひがたし。

「御家人、つまり頼朝に仕える武士は、すべて傍輩（同僚）であり、平等であるはずではないか。それなのに、流鏑馬の射手は馬に乗っていて、一方、的立役は徒歩である。こんな差別には承服できない」というのである。頼朝は、「こうした役割分担は家柄で決めているわけではないし、的立は決して不名誉な役柄ではない」と説得したが、直実は応じず、ついに所領の一部没収という処分を下されてしまうのである（なお、この時に没収された所領の詳細については、大井教寛や高橋修の考察がある）。鴇田泉《ときたいずみ》によれば的立役が従者の役であったことは事実であり、直実の言い分に理はあったようだが、命がけで得た所領を一部にせよ召し上げられるという処分を食らっても、直実はこうした主張を貫いたわけである。

直実が主張したのは、御家人は家柄も富も関係なく、能力により、働きによって評価されるべきであるという論理である。現代人が読めば、天皇のもとの平等をいう「一君万民」の思想や、さらには近代的理念の「平等」をさえ連想する。もちろん、時代が違いすぎて、そうした「平等」の思想と直ちに同一視することはできないが、直実がこうした「平等」へのこだわりを持っていたことは、出家後の藤原兼実邸での逸話からもうかがえる（第三章2節参照）。

「御家人は皆傍輩」という、「頼朝のもとの平等」とでもいうべき論理は、頼朝にとっては都合の良い論理であり、当時においても一面では正しい理念ではあっただろう。裸一貫、自分の腕一本で身を起こした直実は、おそらく、自分が家柄のよい大武士団の棟梁にも決して劣らない存在であるという理念をよりどころにして生きていたのではないか。

大武士団と小武士団

しかし、「頼朝のもとの平等」は、理念としては正しいとしても、十分に現実的であったとはいえない。直実のような零細な所領しか持たない武士が、戦場での働きによって一代でのし上がることができたことも確かに一つの現実だったが、先祖代々引き継いできた家柄や富が、武士たちの力関係を決めたことも疑いない。

たとえば、『吾妻鏡』文治五年（一一八九）七月二十五日条。奥州藤原氏を討つために出発した頼朝軍の陣営で、下野国の大武士団の棟梁である小山政光が頼朝に食事を献じた。すると、頼朝の傍らに若者がいた。これは誰かと尋ねた政光に、頼朝は、「本朝無双の勇士、熊谷小次郎直家」であると紹介した。直実の子息である。すると政光は、なぜ「無双」といえるのかと尋ねる。頼朝が、一ノ谷合戦などにおいて父子そろって活躍したからだと答えると、政光は嘲笑って言った。

君のために命を棄つるの条、勇士の志すところなり。いかでか直家に限らんや。ただし、かくのごときの輩は、顧眄《こべん》の郎従なきによつて、直《ぢき》に勲功を励まし、その号を揚げんか。政光がごときは、ただ郎従を遣して忠を抽《ぬ》きんづるばかりなり。

「主君のために命を捨てるのは武士たるもの皆同じで、直家に限ったことではありませんよ。ただ、熊谷父子のような連中は、左右を振り返っても付いて来る郎等がいないので、自分自身が先頭に立って戦うことで名を挙げる他に手がないんです。私のような大武士団の長は、いつも郎従を派遣して忠義を尽くしているんですがね」。こう言った政光は、そこにいた自分の息子たちに、「今回の戦いでは、お前たちも自分から先頭に立って戦って、『無双』と褒めてもらえるようにしろよ」と命じたという。直家に対しては、何とも強烈な嫌味である。

小身の武士の心

この「政光がごときは、ただ郎従を遣して忠を抽きんづるばかりなり」と、ちょうど好一対をなす言葉がある。一ノ谷合戦の大手の戦場において、河原太郎高直が、弟の次郎盛直に言ったという、

大名はわれと手をおろさねども、家人の高名をもッて名誉す。われらはみづから手をおろさずはかなひがたし。(覚一本『平家物語』)

という言葉である。「大名は自分で戦わなくとも、家人の手柄を以て名誉とする。しかし、私たち小身の武士は、自分で戦わなければ手柄を立てることができない」というのである。兄の高直としては、「だから私は自分一人で先陣をとげるから、おまえはその功名の証人になれ」と弟に言ったのだが、弟の盛直も兄と行動を共にし、二人はあえなく討たれたという。この河原兄弟も、私市党の武士であった。たくさんの郎従・家人を最前線に送り、自分は後方で指揮をとって手柄を立てる大名と、自分

から先頭に立って戦わなければ手柄など立てられず、生活が成り立たない小身の武士と。仮に理念の上では平等な「傍輩」であったとしても、実際には、その間には厳然たる差があった。

熊谷父子は、『平家物語』でも「直《ぢき》に勲功を励ま」す姿を描かれている。一ノ谷で敦盛を討ち取る前に、熊谷直実は大手の先陣を目指していた。ほんとうは搦手の義経のもとで坂落の部隊に加わるはずだったのだが、それでは集団戦になってしまい、個人の手柄が目立たないので、勝手に大手をめざしたというのである。それ自体が勲功・恩賞への執念を語る話だが、そこで先陣をめざした直実の姿は、子息の直家と旗指《はたさし》（旗を持つ従者）を入れて三騎であった。先陣を争うライバルの平山季重は旗指と共に二騎、熊谷・平山合わせてたった五騎であったと描かれる（覚一本）。これは『平家物語』の記述だが、『熊谷家文書』から窺える武蔵国大里郡熊谷郷は、堀の内と田地十五町四反余の恒正名《つねまさみょう》から成る狭小な土地であった。野口実などが指摘するように、物語は、そうした点ではさほど事実から離れてはいないのだろう。

直実は直家と共に夜明け前から一谷西の城戸口の平家陣に迫り、繰り返し先陣の名乗りを上げた。このように、ごくわずかな勢で敵陣近くに攻め寄せる熊谷父子の姿こそ、まさに、「顧眄の郎従なき」「みづから手をおろさずはかなひがたし」と表現される小身の武士を代表しているといえるだろう。こうした捨て身の戦いによって功名を際立たせ、「傍輩」に差をつける以外に、直実が所領を得て独立した武士として生きていく道はなかった。

しかし、いかに功名をあげたくとも、合戦がなければ、そもそも戦いようがない。大きな功名をあげるためには大きな合戦が必要である。頼朝が引き起こした全国的な動乱は、直実のような武士にとって、またとない好機を提供してくれるものであったといえよう。治承・寿永の内乱が、直実にとっては大きな希望をもたらすものであったというのは、そういうわけである。

3　一ノ谷合戦まで

石橋山合戦

直実の生き方や、頼朝挙兵によって彼が得た希望を説明するために、少々筆が先走り、時間を先取りしてしまった。治承四年（一一八〇）の頼朝挙兵当初まで、時間を戻そう。この年の八月十七日、頼朝は突如、少数の手勢によって伊豆の目代・山木兼隆に夜討ちをかけ、討ち取った。初戦に勝利した頼朝は、しかし、平家に味方する多勢の東国武士を迎え撃たねばならず、伊豆を出て相模国石橋山（現在の小田原市）の山中にこもった。そこに、大庭《おおば》景親《かげちか》をはじめとする平家勢が八月二十三日の夜に襲いかかったのが、石橋山合戦である。

この時、直実は平家方として参戦したと、『吾妻鏡』同年八月二十四日条や、『平家物語』延慶本・長門本・源平盛衰記には記されている。直実が平知盛の被官となったことは、前述のように『吾妻鏡』建久三年十一月二十五日条に見えており、直実が平家方であったことは自然である。畠山重忠や梶原景時をはじめ、後に頼朝・鎌倉幕府を支えた重要な武将たちも、この段階では平家方であった。『吾妻鏡』同日条によれば、直実はたまたま関東に帰っていた時に石橋山合戦があり、平家の味方として頼朝軍を攻撃したのだという。この時、畠山重忠など武蔵国の平家方の武士は、急を聞いて駆けつけたものの、石橋山合戦には間に合わず、平家方の主体は大庭景親などの相模勢であった。直実が武蔵国熊谷の本拠にいたとすれば、合戦に間に合ったかどうかは疑問である。だが、そのあたりの事実は不明であり、『吾妻鏡』や『平家物語』諸本の記述を否定することも難しい。

なお、『吾妻鏡』には見えないが、『平家物語』延慶本・長門本・源平盛衰記は、久下直光も平家方として参戦したと記している。久下直光も、武蔵国を知行する知盛と何らかの関係を保っていたために平家方の立場をとったと見て不思議はない。ただし、『太平記』巻九「足利殿着㆓御篠村㆒則国人馳参事」には、久下一族が「一番」という文字を書いた紋を使用する由来について、石橋山合戦で久下重光（直光の子か）が頼朝陣営に真っ先に馳せ参じたため、感動した頼朝が「天下を取ったら一番に恩賞を行う」と約束し、自ら「一番」という文字を書いて与えたので、それ以来「一番」の文字を家紋とするようになったという逸話を記す。後代、久下氏がこの家紋を使っていたことは『見聞諸家紋』などによっても確認できるが、久下氏が頼朝のもとに馳せ参じたという記事は、『吾妻鏡』には全く見えない。だが、「私の先祖は頼朝殿を助けて恩賞をいただいた」「私の家の名は、先祖が頼朝殿からいただいたものだ」といった類の伝承は、後世、非常に多い。久下氏の家伝も、おそらくは後の時代に作られた伝承と見るべきか。

頼朝への帰服

石橋山合戦は、圧倒的多数の平家方の勝利に終わった。しかし、頼朝は討ち取られはしなかった。山中を巧妙に逃げて、真鶴から船に乗って安房をめざしたのである。

最初に少しふれた、梶原景時がわざと頼朝を逃がしたなどという逸話も、この時のこととして源平盛衰記及び『熊谷系図』などに見えるものである。安房に逃れた頼朝は、上総介広常や千葉介常胤をはじめとする房総の武士を味方につけ、房総の敵対勢力を掃討した。同様に海を渡った三浦氏なども引き連れて、たちまちのうちに巻き返し、十月二日には大軍を率いて武蔵国に入った。そこで形勢は逆転し、武蔵国を代表する武士団である畠山重忠など秩父一族も、頼朝に帰服した。もっとも、畠山の帰服については、三浦氏との間に問題があった。石橋山合戦の後、畠山氏は三浦半島の小坪・衣笠で三浦氏と戦い、三浦一族の大長老であった三浦大介義明を討ち取っていたからである。結局、畠山の帰服は受け入れられたが、三浦氏の遺恨は残った。

この時、久下直光や熊谷直実が、畠山よりも早く頼朝に帰服したのかどうか、そのあたりの事情は不明だが、あいついで頼朝になびいたことは想像に難くない。武蔵国の党の武士たちの大半は、畠山氏に従って三浦氏と戦っていたはずである（『吾妻鏡』治承四年八月二十六日条、延慶本『平家物語』など）。頼朝への帰服についても、多くは畠山氏と行動を共にしたのではないだろうか。久下氏の「一番」の紋の伝承に、もしも何か根拠となる史実があるのだとすれば、あるいは、この時期に比較的早く頼朝に帰服したことを誇張して伝えるものだったのかもしれない。

さて、当初、頼朝の反乱など難なく鎮圧できるだろうと高をくくっていた平家は、あわてて追討軍を送ったが、後手に回ってしまった。頼朝を鎮圧するだろうと期待していた武蔵・相模など関東の武士たちが、あるいは頼朝になびき、あるいは頼朝に打ち負かされてしまったのである。さらに、関東が制圧された以上、平家軍の最前線となって頼朝軍と戦うべきであった駿河の親平家派・橘遠茂や、東海地方に力を持っていた尾張国の長田入道（忠致）などの勢力も、平家軍の本隊が到着する前に、甲斐源氏武田一族の攻撃によって壊滅してしまった。

『平家物語』や『吾妻鏡』は、十月二十日に平家と頼朝軍が向かい合ったものの、平家軍が水鳥の羽音に驚いて逃げ帰った、それが富士川合戦であると語る。水鳥の羽音云々という情報は、『山槐記』同年十一月六日条にも見え、『平家物語』作者の創作ではない。おそらく、東海道を進むうちに各地で兵を募り、軍勢を増やしてゆこうと考えていた平家軍の目算は全く狂ってしまった。自軍はいっこうに増えず、戦場を知悉していて頼りになるはずの現地の武士団も既に壊滅していて、都から派遣された部隊は戦いを避けて撤退するしかなかったのである。水鳥の羽音を聞いて逃げたという話は、そうした状況から生まれた噂話だっただろう。

『平家物語』や『吾妻鏡』は、頼朝が富士川で戦わずして勝ったと描くが、近年の研究では、むしろ勝利したのは甲斐源氏であって、頼朝は何もできなかったのだという見方もある。

金砂城合戦

『吾妻鏡』によれば、戦いらしい戦いもせずに逃げた平家を、頼朝は追撃しようと思ったが、有力武将たちがそれをとめたという。関東がまだ十分に安定していないので、このまま西へ攻めていけば、背後を突かれる恐れがあるというのである。実際、北関東には、まだ頼朝に帰服していない武士も多かった。かつて、関東を平定したかに見えた平将門が、下野国（栃木県）から突如来襲した俵藤太秀郷に敗れたことを想起する者もあったに違いない。

また、西への進路となる東海道の駿河国（静岡県）などの地域は甲斐源氏の勢力下に入ったのだろう。『吾妻鏡』は甲斐源氏が頼朝の指揮下にあったように記すが、それは事実ではあるまい。ともあれ、頼朝軍は富士川から西へは進まず、関東に引き返した。

頼朝が倒そうとしたのは、常陸国（茨城県）の佐竹氏であった。佐竹氏は、頼朝と同じ清和源氏だが、頼朝が八幡太郎義家の子孫であるのに対して、義家の弟の新羅三郎義光の子孫である。もっと近い血縁関係にある場合でも、清和源氏同士の争いが多かったことは、先に大蔵合戦について見たとおりである。一般に「源平合戦」というけれども、源氏と平家がそれぞれ団結して戦っていたというわけではない。

当時の佐竹氏には、太郎義政と、四郎隆義及びその子の秀義の勢力があった。頼朝は、まず太郎義政を交渉と称しておびき出し、上総介広常の手によって謀殺した。そして、金砂城《かなさじょう》にこもった秀義を攻めた。金砂城は、現在の茨城県常陸太田市金砂郷地区にあった山城である。『吾妻鏡』治承四年十一月四日条以下によれば、佐竹氏は山頂に城郭を構え、山麓から攻める頼朝軍を弓矢や投石で攻撃した。下から射る頼朝軍の矢は佐竹軍に届かず、攻めあぐねたが、翌日、これも上総介広常の発案により、佐竹秀義の叔父・佐竹義季を味方に付け、城の後方から奇襲をかけて城を攻め落とした。

これらの記述によれば、佐竹攻略の最大の功労者は、謀殺や調略によって敵を切り崩した上総介広常である。しかし、戦場において最もよく戦ったのは、熊谷直実と平山季重であったという。

軍兵の中、熊谷次郎直実、平山武者所季重、殊に勲功有りて、所において先登に進み、更に身命を顧みず、多く凶徒の首を獲たり。仍りて其の賞、傍輩に抽《ぬ》きんづべきの旨、直《ぢき》に仰せ下さる。(『吾妻鏡』同七日条)

困難な戦いの中で、熊谷直実は命を惜しまず先頭を切って戦い、多くの首を取った。平山季重と共に、その功績は傍輩に大きな差をつけるものであり、それに応じた恩賞を与えるよう、頼朝から直々の命令が下ったというのである。『吾妻鏡』は、十一月四日条では、山麓から攻めた武士の名を多く列挙していたが、七日条ではその中で直実と季重二人だけが特筆されている。詳細は不明だが、よほどの大手柄をたてたのであろう。平山季重とのライバル関係は、一ノ谷合戦に引き継がれる。

旧領回復

先にもふれたように、『吾妻鏡』寿永元年(一一八二)六月五日条には、直実が佐竹合戦の勲功により「旧領」を回復したことについて、

熊谷二郎直実は、朝夕恪勤《かくごん》の忠を励むのみにあらず、去んぬる治承四年、佐竹冠者を追討せし時、殊に勲功を施す。その武勇を感ぜしめたまふによつて、武蔵国の旧領等、直光が押領を停止し、領掌すべきの由、仰せ下さる。

と記され、その際の文書も掲載されている。これは偽文書かとされており、熊谷直実側の一方的な言

い分を反映していると見るべきかもしれないが、それによれば、武蔵国大里郡の熊谷直実の所領は、「先祖の相伝なり。しかれば久下権守直光が押領を停止し、直実をもつて地頭の職となると成しをはんぬ」という。その理由は、佐竹討伐の合戦で、「直実万人に勝れて前懸《さきがけ》し、一陣を懸け壊《やぶ》り、一人当千の高名を顕はす。その勧賞」であるという。

久下直光に「押領」されていた所領を、合戦での活躍により、ようやく回復することができたわけである。直実の言い分通り、彼が所領について正当な権利を持っていたとしても、それは正当性を主張するだけではなかなか回復できない。直実は、「勲功」や「恪勤の忠」（怠らずに勤めた忠義）の功績によって、やっと旧領を回復できたわけである。

四十歳過ぎまで不遇をかこってきた直実は、ここでようやく頭角を現したのであろう。おそらく、直実が久下直光の保護下からはっきり独立し、小なりといえども所領を有するれっきとした御家人としての地位を確立したのは、この頃であろう。しかし、直実は、決して満足したわけではない。むしろこの成功によって、直実は、「命を惜しまず戦えば、もっともっと所領を拡大し、子孫に多くの土地を残すことができる」と確信したのではないか。所領に対する直実の意欲は、金砂城での大手柄によって、むしろ火がつき、一段と燃えさかっていったものと考えられよう。

義仲追討戦へ

富士川合戦の後、頼朝の勢力と平家の間で小規模な戦いはいくつもあったが、全力を挙げた決戦はしばらくなかった。頼朝は関東を平定して敵対勢力を一掃し、後世に鎌倉幕府と呼ばれる組織のもとに武士たちを編入していった。一方、平家は福原遷都を撤回して平安京に戻り、南都の悪僧を討つなどして態勢を立て直し、再度東国追討軍を送ろうとしていた。ところが、翌治承五年（一一八一）閏二月四日、平清盛が熱病で死んでしまった。しかもその後、深刻な飢饉により、追討軍派遣どころではない状態に陥ったのである。また、この時期、頼朝とは別に、源義仲（木曽義仲）が挙兵、信濃から北陸方面に勢力を伸ばした。義仲は頼朝の支配下には入らず、東山道から北陸道方面を独立的に支配した。平家は中央の正統的な政権を握ってはいたものの、実質的な支配地域は美濃国（岐阜県）あたりから西のみという状態に陥り、西の平家・東の頼朝・北の義仲と、天下三分ともいうべき状況となった。

こうした状況を打破しようと、平家が動いたのは、ようやく飢饉から一息ついた寿永二年（一一八三）四月のことであった。平家は、頼朝よりも義仲をくみしやすしと見たのか、東海よりも北陸を先に攻めることとし、大軍を動員して、越前国（福井県）から加賀国（石川県）へと攻めていった。しかし、加賀国から越中国（富山県）へ攻め込もうとしたところで、国境の倶利伽羅峠の戦いで、義仲軍の反撃に遭い、大敗を喫する。これにより戦況は逆転し、続く篠原（石川県加賀市）での合戦にも敗れて全軍敗走、同年七月にはついに都落ちを余儀なくされる。

平家は、都落ちに際して、安徳天皇や後白河法皇、摂政藤原基通など、朝廷の主立った人々を三種の神器と共に連れ出して、正統の政権が一時的に都を離れただけだという形を整えるつもりであった。ところが、後白河法皇は都落ち直前に六波羅を脱出して比叡山へ逃げ込み、摂政基通も都落ちの行列から逃亡、さらには一門の平頼盛にさえ逃げられて、平家政権中枢部のみによる都落ちとなった。その後、大宰府（現福岡県）に拠点を構えようとしたが、九州をも追われ、流浪を重ねて、四国の屋島（現香川県高松市）へ向かう。

しかし、平家を追い落として都に入った義仲は、後白河法皇や朝廷の貴族たちとうまく折り合いを付けられず、孤立してゆく。その間に、頼朝は後白河法皇とひそかに気脈を通じ、同年十月には、いわゆる「寿永二年十月宣旨」を獲得し、東国の政権を認めさせるに至る。それまで実質的な東国の支配者ではあったものの、都から見れば反乱軍に過ぎなかった頼朝の政権は、ついに朝廷から公認されたのである。そして同年十一月、法住寺合戦が起きる。後白河法皇が義仲を実力で打倒しようと集めた兵を、義仲が打ち破ったのである。義仲は軍事的には勝利したが、政治的には敗北したといってもよい。後白河法皇と戦ったという事実は、かねて義仲を討とうと狙っていた頼朝に、絶好の口実を与えたからである。機会到来と喜んだ頼朝は、同年の年末から、義仲追討の大軍を派遣した。

当面の目標は義仲追討だが、それに勝利すれば平家との対決に至る可能性も強い。この義仲追討戦は、東国の武士たちにとってみれば、功名をあげてのし上がる絶好のチャンスであった。佐々木高綱と梶原景季が、出発前から名馬をめぐって争い、イケズキ・スルスミに乗って宇治川の先陣を争う話は大変有名だが、彼らも恩賞をめざして参戦した武士の一員であった。熊谷直実も平山季重も、その他多くの武士たちも、先陣や敵将の首などの功名によって恩賞を獲得すべく、いわば一攫千金を夢見て西へと向かっていったのである。

一方の義仲軍は、もともと義仲のもとに組織されていたというわけではなく、義仲の勢いに乗じて付いてきたような武士たちも多かったので、義仲の没落を察知するとたちまち瓦解し、残ったのは少数の手勢のみとなっていた。

宇治橋渡り

寿永三年（一一八四）一月二十日、頼朝軍は、源範頼率いる大手と源義経率いる搦手の二つに分かれて、都に入ろうとした。大手は琵琶湖の勢多、搦手は宇治で、義仲軍と戦うことになった。宇治（現京都府宇治市）は、京都と奈良を結ぶ道が宇治川を渡る地点であり、交通の要衝であった。当時、この西側には広大な巨椋《おぐら》池が広がっていたので（近代に干拓されて消滅）、南北の交通は、宇治川をここで渡らなければ、大きく迂回するしかなかった。そこで、守る側は宇治橋を通れないように橋を引くというのが、この場所での戦いの常套手段であった。橋を引くというのは、橋桁の上に敷き詰めている橋板を外し、橋を骨組みだけにして、騎馬では渡れないようにするのである。そこで、橋を渡れないなら馬を泳がせて川を渡るしかないというわけで、佐々木・梶原が名馬を泳がせて先陣争いを展開するという話になる。『平家物語』の多くの諸本では、この先陣争いを中心として、宇治川合戦を描いている（なお、この時の宇治川合戦については、『吾妻鏡』などの記録類にはほとんど記されていない）。

だが、延慶本『平家物語』では、いささか事情が異なる。延慶本によれば、義経は、まず水練の者に瀬踏みを命じると同時に、瀬踏みの兵に対する敵の攻撃を防ぐために、剛の者たちは徒歩で橋桁を渡り、敵を攻撃せよと命じた。そこで、熊谷父子や平山季重ら五名の武士が橋桁を渡って敵を追い散らしたので、水練の者が川中に入って、敵の設置した逆茂木など、防御施設を破壊した。その後、佐々木・梶原の先陣争いや、大軍を率いた畠山重忠の渡河が実現したのは、こうした工兵的部隊の工作あってのことだったというわけであり、工兵的部隊の工作が可能になったのは、熊谷父子らの活躍があったからだということになる。

延慶本のこうした記述は、源平盛衰記にも共通するが、他の諸本には見られない。覚一本などでは直実は大手の範頼勢に属していたとしており、そもそも、直実が宇治で戦ったかどうかもさだかではないのである。延慶本の記述は、工兵的な部隊の活躍を記す点などにおいては、当時の合戦の実相を伝えているのではないかと思わせる面があるが、直実の橋桁渡りの史実性はかなり怪しいと見るべきであろう。

橋桁を渡る　史実性が疑わしいというわけは、まず、延慶本や源平盛衰記の描く橋桁渡りが、あまりにも恐ろしさを誇張して描かれているところにある。延慶本は、宇治橋の橋桁を渡ることが非常に恐ろしいことだったとして、橋渡りの先陣を遂げた平山季重の口を借りて、次のように描く。

抑《そもそ》も当河の為体《ていたらく》、深淵潭々《たんたん》として、大海に浮かべるが如し。下流万々として急々なる事、瀧水に似たり。橋桁幽々としてほそく高き事、碧天に聳《たなび》く虹かとも疑ひつべし。玄奘三蔵の渡り給ひけむ葱嶺《そうれい》の石橋も、此には争《いか》でか過ぎ候ふべき。落ち入らむ事決定也。没して而《しか》も失せなむ事、疑ひあるべからず。若《も》しくは猿猴、若《も》しくは鼠猫なむど、さらでは平らかに渡るべしとは存じ候はねど

も、大将軍の仰せを背くは身命を惜しむに似たり。（原文は漢字カタカナ交じり）

宇治川は大海のように深く、流れは滝のように急である。その上に高くかかる橋桁は細く、空にかかった虹のようである。もしそこから落ちれば、死んでしまうことは疑いない。猿や鼠、猫などならばともかく、人間が渡れるようなものではないという。

橋桁已《すで》になからばかり渡りたりける時よりは、五人ながら皆、目舞ひ膝ふるひて、水はさかさまに流るるやうにぞ覚えける。（中略）「さむ候ふ、さむ候ふ」と、問へば答へ問へば答へして、肝をつぶしはててぞ皆渡りたりける。

橋桁を半分ほど渡ったところからは、熊谷父子・平山ら五人は皆、目がくらみ、膝が震えて、水が逆さまに流れているように感じられた。誰かが何かを問えば、「そうだ、そうだ」と答えるのが精一杯というという状態で、肝をつぶしながら橋を渡り終えたのだという。

確かに、橋板を引かれた状態で、宇治橋の橋桁を渡るのは恐ろしかったに違いない。だが、『平家物語』は、巻四「橋合戦」では、同じ宇治橋の橋桁渡りを、浄妙房明秀が、あたかも京都の大路を行くかのように、「さらさらさらとはしりわたる」（覚一本）などと描いている。もちろんこれはこれで明秀の大胆さを誇張しているわけだが、この場面とはあまりにも差が大きすぎて、一つの物語として見れば、ご都合主義といわれてもしかたがない。熊谷らの橋桁渡りの「橋は空にかかった虹のように見えた」などといった描写は、さすがに恐ろしさを強調しすぎているというべきではないか。「橋合戦」では、橋桁の上で一来法師が明秀の肩を躍り越えたとさえ描かれる、その同じ橋桁渡りが、この場面では、なぜ、これほど恐ろしさを強調して描かれなければならないのか。

二河白道

実は、この橋桁渡りの恐ろしさの描写は、浄土教的な仏教の説法を下敷きにして書かれていると見られるのである。

『平家物語』巻四「橋合戦」
（『平家物語』明暦二年版本挿絵）

> 云ふに甲斐なき小次郎だにこそ、落ちむ所をば取り助けむとて後にはつづきたれ。まして三尊来迎して生死の苦海に沈まむ所を来迎引接し給はむ事、憑みてもなほたのむべかりけり。平山・佐々木・渋屋・熊谷親子、「南無阿弥陀仏、南無阿弥陀仏」と申してぞ、西の岸にはわたりつきたりける。（延慶本）

直実の後ろには小次郎直家が続き、直実

二河白道図
（香雪美術館蔵）

が落ちそうになったら支えてくれるはずであった。頼りない息子でさえ助けてくれるのだから、阿弥陀三尊の来迎は本当に信頼できると思ったという。熊谷父子らはこうして念仏を唱えながら西の岸にたどり着いた。引用文の直前には、「熊谷が初発心の道心は、此の橋桁よりぞ発《おこ》り始めたりける」ともある。これによれば、直実は、敦盛を討つ前に既に道心を起こしていたということになる（第三章1節参照）。

こうした描写は、後に直実が帰依した法然の浄土宗においてしばしば用いられた、「二河白道《にがびゃくどう》」のたとえに依拠したものと見られる。「二河白道」は、西方浄土に至る信仰の道を、水の川と火の川に挟まれた一筋の白い道にたとえたもので、中国浄土教から起こり、鎌倉時代の日本でも、絵解を伴って多く説かれた譬喩である。深い川の上に渡された細い橋桁の上を渡り、ついに西の岸にたどり着くという記述、そして直実はこの時に発心したという記述は、そうした譬喩を用いた説法をもとに生まれたのではないかと考えられるのである（牧野和夫指摘）。

これはおそらく、直実が法然門下の著名な出家者となったところから、直実の出家後（あるいはその没後）に生み出された説法談、仏教説話なのだろう。「二河白道」の説法は、道の両側にある水の川や火の川（地獄など）に落ちる恐怖を強調しつつ、細い道をたどって対岸の浄土にたどりつくのはきわめて困難だが、阿弥陀仏を一途に信仰すれば、その恐ろしい道を渡りきって浄土に行くことができると説く。熊谷父子の橋桁渡りの話は、そのような説法を下敷きにしたために、橋渡りの恐怖を誇張しているのだと見られるわけである。

だが、そうした恐怖を強調した説法談の中でも、功名をめざして突撃する直実という人物像は、基本的には揺るがない。現実の義仲追討戦の中で、直実がどこにいて、どのような手柄を立てたのか、それはわからないが、功名をめざして戦っていたことは確かだろう。そして、義仲追討戦に続いてついに実現した平家との一大決戦である一ノ谷合戦が、直実の最も著名な戦いの舞台となる。だが、それについては次章に譲る。その前に、『平家物語』諸本について、本書で必要な範囲で簡単に説明しておきたい。

『平家物語』の諸本

ここまで、「覚一本」「延慶本」「源平盛衰記」「源平闘諍録」などの名を挙げてきたが、なじみのない読者も多いだろう。これらは『平家物語』諸本の名称である。『平家物語』には多くの諸本があり、相互に大きく内容が異なっている。『平家物語』の原作は、おそらく一二二〇〜三〇年代頃に成立したと見られているが、その後、数百年の間に無数の人々の手が加わって、さまざまなテキストが生まれたのである。現在では、全体を「語り本系諸本」と「読み本系諸本」に分けるのが一般的な分類である。

「語り本系」は、琵琶法師の語りの台本に用いられたと見られる系統の諸本で、覚一本・屋代本・百二十句本・八坂系諸本などがあり、現存する伝本の数は多いが、相互の相違は「読み本系」に比べれば大きくはない（一二頁でふれた「丹治直実」の記載があるのが百二十句本である）。

この中で代表的なのが覚一本《かくいちぼん》である。覚一本は、南北朝期の琵琶法師であった明石覚一が、応安四年（一三七一）、琵琶法師の正本（証本）として制定したものである。江戸時代に刊行された流布本は、覚一本的本文をもとに多少改訂したものであり、多くの版を重ねた。明治時代以降、一般向けに刊行された『平家物語』も、当初は流布本が多かった。しかし、昭和に入った頃からは覚一本を底本とするものが多くなった。『平家物語』は、もともと、雑誌を編集するように多くの記事を編集して作られている上、現存諸本は多くの人々による改訂を経たものなので、本筋がわかりにくい部分や相互に矛盾をきたしている箇所が多いが、覚一本は、細かいところまで注意深く筋が通るように作られていて矛盾が少なく、また、文章が洗練されていて文学的感興に富んでいる。そのため、戦後には、岩波書店の古典文学大系や小学館の古典文学全集などといった、代表的な古典文学全集の『平家物語』の底本とされ、今では単に「平家物語」といえば覚一本を指すことも多い（ただし、新潮日本古典集成の『平家物語』は百二十句本である）。

だが、覚一本のみを読んで『平家物語』を読んだ気になってはいけない。『平家物語』の諸本は相互に内容の相違が大きく、ある本に書かれていることが別の本には書かれていないなどといったことが、非常に多いからである。どの本をとるにせよ、それだけで『平家物語』全体を語るわけにはいかない。しかも、そうした中で、覚一本が『平家物語』の本来の姿を伝えているとは、あまり考えられない。『平家物語』の諸本研究は、戦後七十年あまりの間に大きく変化した。一時期は、覚一本などの語り本が古い姿をとどめるとする見方が有力だったが、そうした見方は一九七〇年代以降、大きく後退し、『平家物語』本来の姿は、むしろ「読み本系」と呼ばれる諸本に多く残されているだろうという見方が一般的になったからである。

読み本系諸本とは、延慶《えんぎよう》本・長門本・源平盛衰記《げんぺいじようすいき》・四部合戦状《しぶかつせんじよう》本・源平闘諍録《げんぺいとうじようろく》などの諸本を指す。これらは相互の相違も大きい。『平家物語』諸本は一般に十二巻編成が多いのだが、長門本は二十巻、源平盛衰記は四十八巻と、巻数も異なる。さらに、「源平盛衰記」「源平闘諍録」の場合、「平家物語」という作品名さえ捨ててしまっているわけだが、「祇園精舎」から始まるその内容は、明らかに『平家物語』の異本なのである。さらに、巻によって読み本系的な本文と語り本系的な本文を取り混ぜている南都本などの異本もある。

そうした中で、現在、比較的多く古態をとどめると見られているのが延慶本である。延慶本は、延慶二年から同三年（一三〇九～一〇）にかけて書写されたという本奥書があるための名称である。つまり、現存本の一段階前の本は鎌倉末期に書写されたわけだが、その本は失われ、現存するのは、それを応永二十六年から二十七年（一四一九～二〇）に書き写した本（根来寺から角倉家などを経て大東急記念文庫現蔵）である。現存本が延慶年間に書写された本そのままであれば、私たちは現存本によって鎌倉時代の『平家物語』の一つの姿を見ることができるわけだが、延慶と応永の間にも改訂があったようで、現存延慶本は鎌倉時代の姿をそのままとどめているものではない。また、もし鎌倉時代末期の本文をそのまま伝えていたとしても、『平家物語』はそれ以前の時期に既に複雑な本文変化をとげていたようで、それが『平家物語』全体のもとの形を伝えているとはいえない。『平家物語』の諸本は、どれも、古い姿を伝える部分もあれば、独自に改作・改訂された部分もあるものとして、比較・対照しながら読まねばならないものなのである。

ともあれ、本書では、『平家物語』の多くの諸本に目を配りながら、まずは覚一本を、次いで延慶本を主に扱うこととしつつ、必要に応じてその他諸本にも言及することとする。本文・表記は、漢文表記を書き下し、カタカナ交じりをひらがな交じりに改めるなど、適宜、読みやすく改める。そうした形で、次に、一ノ谷合戦における熊谷直実の活躍を読んでゆくこととしよう。

第二章　敦盛を討つ

1　一ノ谷合戦

平家の勢力回復

寿永三年（一一八四）一月、東国からやって来た頼朝勢は、義仲を討ち果たすと、都に腰を落ち着ける暇も無く、直ちに西へ向かった。平家と戦うためである。平家は、前年七月末に都を落ちると、当初は九州に向かった。西の都であった大宰府（現福岡県）に拠点を構えて、そこから反撃しようとしたのである。しかし、豊後（現大分県）の緒方氏を中心とした反平家勢力によって九州からは追い出された。再び船に乗って数ヶ月瀬戸内海をさまよったあげく、四国の屋島（現香川県高松市）に落ち着いた。おそらく寿永二年十月頃のことであろう。瀬戸内海は、もともと平家の勢力基盤であった。屋島は現在では半島になっているが、当時は四国とは僅かに海を隔てた島だった。瀬戸内海を見渡す水運の要衝に、難攻不落の海上の城郭を構え、本拠地としたわけである。

屋島に拠点を構えた平家は、その後、急速に勢力を回復した。都に入った義仲が後白河法皇などとの対立に苦しんでいる間に、水軍を駆使して四国や山陽道を確保し、進出を図る義仲勢を撃退したのである。平家はさらに義仲の退潮に乗じて、かつて清盛が都を置いた福原（現神戸市）を回復し、そこに城郭を構えて、大いに気勢を上げた。次は京都に帰ろうとする勢いを見せたのである。たとえば、義仲が討たれる直前の一月十一日、藤原兼実の『玉葉』は、「来たる十三日、平氏入京すべし」と記している。東から来た頼朝勢よりも早く、西から平家勢がやって来て都を占拠する可能性もあったわけである。一月二十日に頼朝勢が義仲を討ち取った後も、平家勢は頼朝勢よりもはるかに強大であると噂され、もはや平家が京都に戻ってくるのは間違いないとさえいわれていた（『玉葉』一月四日条、同六日条）。

しかし、そのような下馬評を覆し、京都から下っていった頼朝勢が、福原に強固な陣を張った平家勢を二月七日に攻め落とした戦いが、いわゆる一ノ谷合戦である。源平合戦最大の、天下分け目の戦いであった。

一ノ谷合戦とは

そのようなわけで、一ノ谷合戦とは、頼朝勢が平家の拠点を攻め落とした大合戦なのだが、この呼び名などについては、もう少し解説が必要である。まず、「一ノ谷」とはどこか。これは、狭い意味では、ごく狭小な一地点を指す言葉である。現神戸市須磨区と垂水区の境にある鉄拐山・鉢伏山の斜面にある三つの谷を、東から一ノ谷・二ノ谷・三ノ谷という。

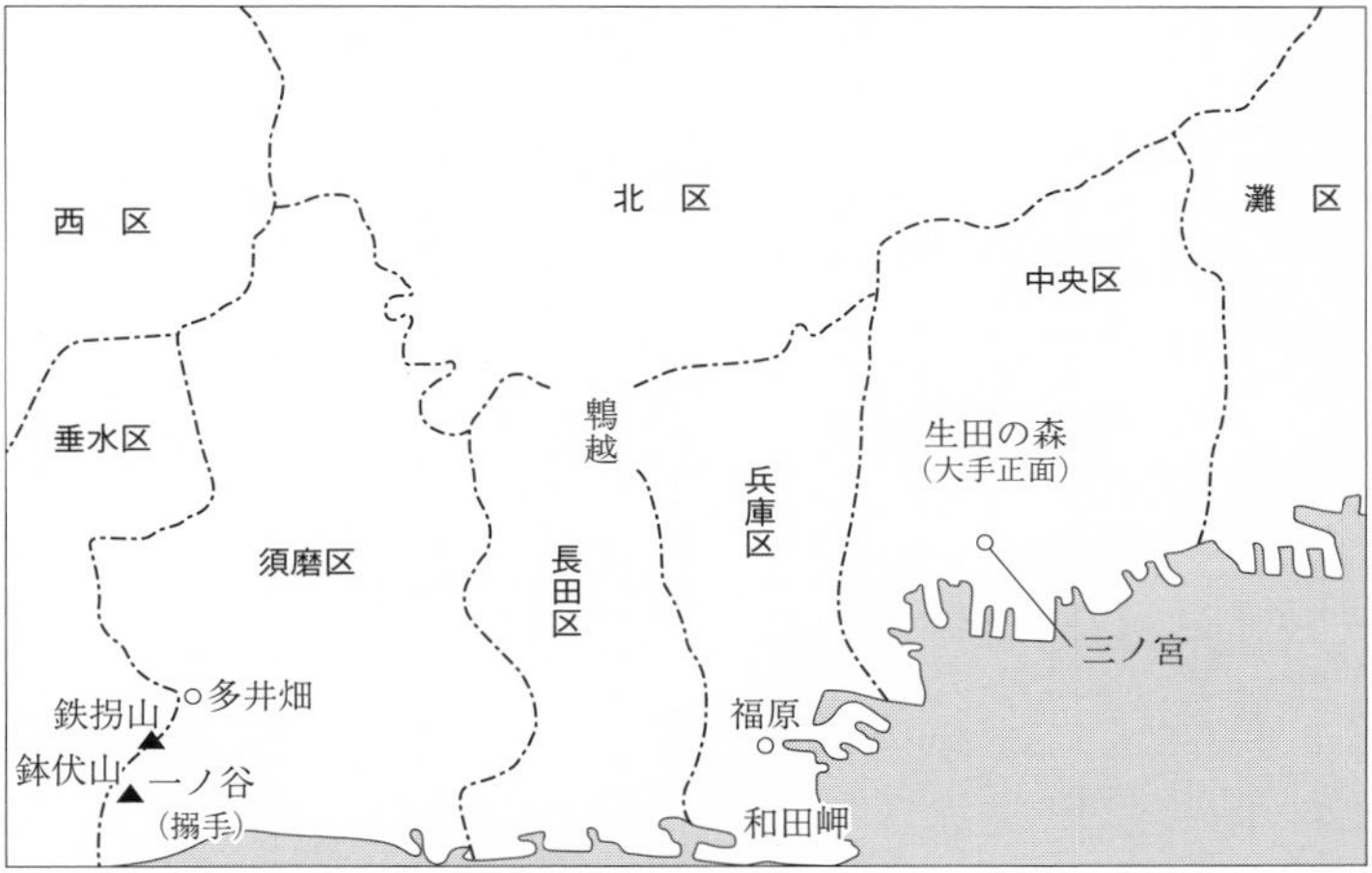

現神戸市と関連地名

「一ノ谷」は、おそらく本来的には、その一つの小さな谷の名に過ぎない。だが、実際の戦場ははるかに広く、ほとんど現在の神戸市全域に及ぶといってもよいものだった。熊谷直実の活躍を見てゆくためにも必要なので、現場の地理を確認しておこう。

まず、平家陣の中心は、旧都・福原の周辺にあった。現在の神戸市兵庫区である。福原には、清盛が早くから山荘を構え、その南の海岸、大輪田《おおわだの》泊《とまり》の港を改修して、日宋貿易の船が来航できる国際貿易港に育てていた。現在の和田岬である。治承四年（一一八〇）には、以仁王《もちひとおう》の乱を受けて、福原に都を置いた。福原遷都である。福原京は半年ですぐ撤退する結果に終わったし、その建物は、寿永二年（一一八三）七月の都落ちの際にすべて焼き払ったとされるが、依然として平家の一大拠点であったことは間違いない。安徳天皇や二位尼、建礼門院、宗盛などをはじめとする平家の要人は、合戦の時には危険を避けて上陸せず、船に乗ったまま、和田岬の沖に浮かんでいたかもしれない。

その福原を中心に、平家は、東西に広く陣を構えた。東の大手正面は生田の森、現在の神戸市中央区の生田神社の周辺であり、三宮の駅などがある、神戸の中心地あたりである。一方、搦手《からめて》（裏側）の防衛線を張った地が、前述した狭い意味での一ノ谷のあたりである。現在の須磨区の西端近くまでが、平家の陣営であった。生田の森辺りの城郭を東の木戸口、一ノ谷に近いあたりの城郭を西の木戸口とも呼んでいる。神戸市は、北側に六甲山系が迫り、東西に長い。その過半に及ぶ地域を占拠して、東西に城郭を構えたわけである。ただし、この当時の「城郭」とは、単なる交通遮断施設、バリケードのことである（川合康『源平合戦の虚像を剝ぐ』）。天守閣を構えたような、後代の大規模な城を想像してはいけない。堀を掘り、逆茂木を引き、塀を作り楯を並べ、櫓を構えれば、もう立派な城郭なのである。東西の「木戸口」（「城戸口」とも）とは、そのような「城郭」の出入り口を指す言葉だが、城郭そのものを指すような場合もある。

ともあれ、これだけ広い地域の東西で合戦があったわけだから、「一ノ谷合戦」という呼び名はおかしい、正確には「生田森・一の谷合戦」と呼ぶべきだという意見もある（川合康「生田森・一の谷合戦と地域社会」）。まことにもっともな意見だが、ここでは、従来の慣用的な用法に従って、単に「一ノ谷合戦」と呼んでおく。長い名称を避けた便宜的な呼び名だが、ただし、「一ノ谷」を狭い意味での谷の名ではなく、この合戦があった地域全体を指すかのような意味で用いる用法は、『平家物語』

では少なくない。また、『平家物語』に限らず、『吾妻鏡』や中世の史書『一代要記』『皇代暦』などにも見られるので、「一ノ谷」を広く用いる用法は古くからあったという見方もある（喜田貞吉・村上美登志）。そうした用法は、『平家物語』を中心に広まったのかもしれないが、少なくとも『平家物語』は当初からこの合戦を「一ノ谷合戦」として語っていた可能性が強い（鈴木彰）。『平家物語』の合戦記述には、現地の地理にうとい者の不正確な用法が混じることも多く、特に一ノ谷合戦の記述では、後述するように、諸本にわたって矛盾が多いのだが、熊谷直実について語るには、多く『平家物語』に依拠せざるを得ない。だとすれば、地名に正確を期することに限界があることは、お断りしておきたい。

源氏勢の進撃

さて、そのような平家の布陣に対して、源氏の頼朝勢はどのように攻撃をしかけたのか。『平家物語』や『吾妻鏡』などによれば、源氏勢は大きく二手に分かれた。東側の生田の森を攻める大手は、源範頼率いる五万余騎であり、京都から山陽道へ向かい、生田をめざした。一方の搦手は源義経率いる一万余騎（『吾妻鏡』では二万余騎）であり、三草山を経て平家陣の西側をめざした。「三草山」は、現在の兵庫県加東市社《やしろ》の北東の山とするのが通説である。兵庫県川辺郡猪名川町あたりとする異説もあるが、通説に従ってよいだろう。京都から丹波方面への山路を進み、北側から迂回して須磨方面へ向かったわけである。平家は三草山にも防衛部隊を置いていたが、義経は夜討ちをかけてこれを蹴散らし、進撃したという（覚一本『平家物語』巻九「三草合戦」）。『平家物語』によれば、北から一ノ谷方面に向かう途中で、義経は搦手一万余騎の勢をさらに二手

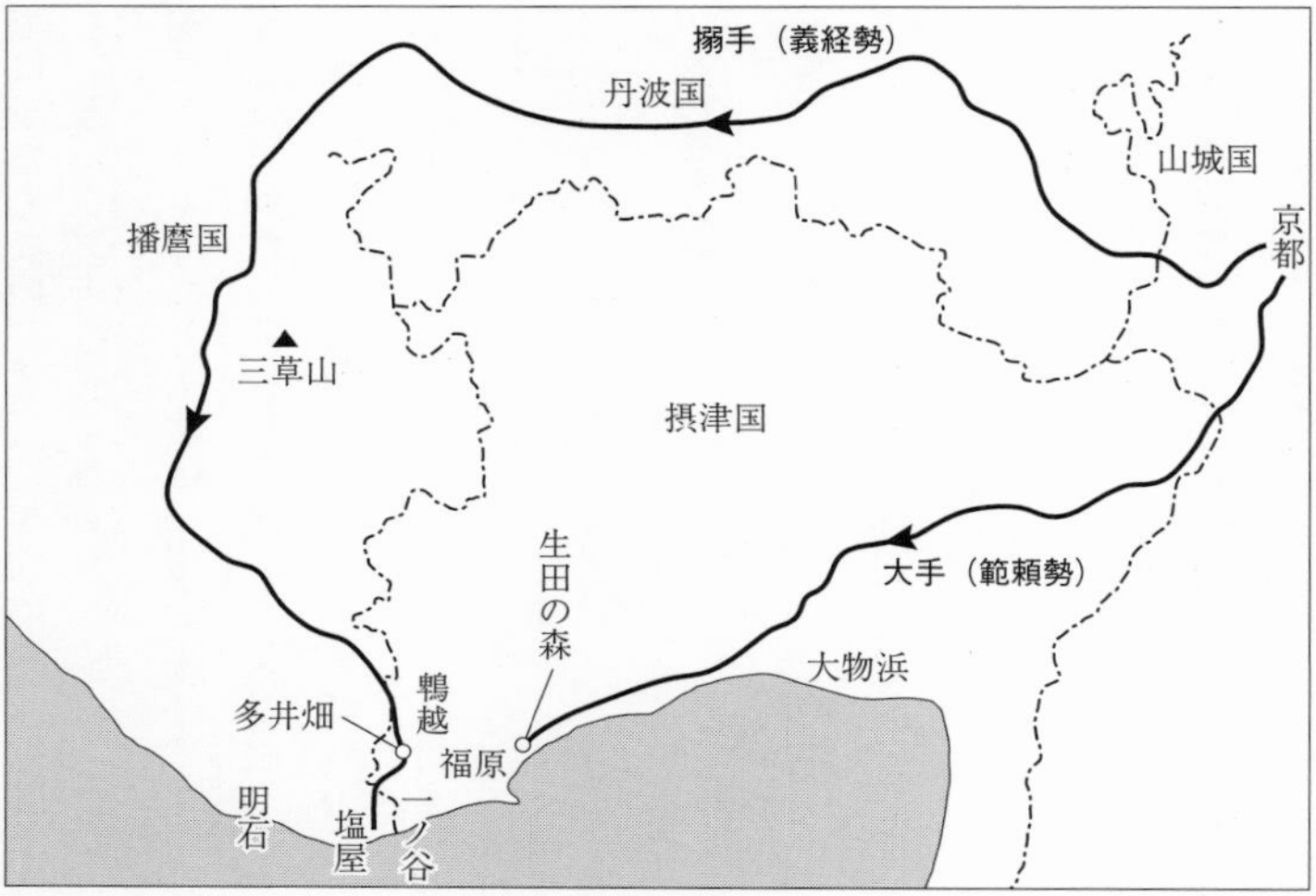

関連地名と源氏勢の進撃ルート（広域）

に分けた。一方の七千余騎は土肥実平が率いて平家の西の木戸口のさらに西側、現在の明石市か垂水区の垂水ないし塩屋方面に出て、海岸沿いの道を東に向かい、平家の西の木戸口を正面から攻撃することとした。いわば、搦手の中の大手正面とでもいうべき部隊である。そして、残る三千余騎を義経自身が率いて、「一谷のうしろ、鵯越」（覚一本）を攻めに向かった。一般的な街道ではなく、道なき道をたどって山上から敵の背後を突く奇襲部隊、いわば、搦手の中の搦手とでもいうべき部隊である。これが有名な「坂落」を敢行して、一ノ谷合戦の勝利を決めたとされるわけである。

「鵯越」と「坂落」

しかし、『平家物語』が描くこのような義経の進路については、地理的に問題が多く、古来、議論の的となってきた。議論はさまざまな問題がからんで複雑だが、地理的に大きな問題は、『平家物語』諸本では、義経は平家陣の西側（一ノ谷近く）を攻めたと解されるのに、「鵯越」という地名が残るのはそのあたりではなく、現神戸市長田区北部、神戸電鉄の鵯越駅があるあたりだということである。現存地名「鵯越」のあたりを進んだのだとすれば、大手の生田の森と搦手の一ノ谷のちょうど中間あたり、福原を直撃するようなコースになる。だが、一般に「鵯越の坂落」といわれるが、『平家物語』は必ずしも「鵯越で坂落をした」とは記しておらず、むしろ、「鵯越を通過して、その後で坂落をした」と読めるので、話はややこしい。『平家物語』を信用したとしても、義経は鵯越の近くを通って西へ向かい、一ノ谷の近くで「坂落」をしたのかもしれないわけである。

義経が「坂落」をしたとすれば、それは須磨区西部の一ノ谷近くなのか、長田区北部の「鵯越」近くなのか、という議論は種々なされてきた。前者だとすれば、義経の部隊は鵯越付近を通過して、一ノ谷近くの鉢伏山などの急斜面で「坂落」をしたということになるが、後者だとすれば、「鵯越」で「坂落」をして福原を攻めたことになる。そこにはいろいろな論点がからみ、たとえば、鉢伏山では急斜面過ぎて、日本在来の小さな馬で降りるのは無理だという川合康『源平合戦の虚像を剝ぐ』の意見もあるが、馬は訓練次第では絶壁を下りることも可能であるという近藤好和の指摘もある。

そのような論点に加えて、さらにややこしいのは、『玉葉』寿永三年二月八日条に、「多田行綱、山方より寄せ、最前に山手を落とさると云々」とあって、山の方から攻めたのは多田蔵人行綱であるとされていることである。これは、『平家物語』には全く記されない事柄だが、この時代の史料として最も信頼される『玉葉』の記事であるだけに、「そもそも義経の『坂落』自体がフィクションであり、多田行綱の功績を義経にすりかえたのではないか」とも考えられる。『玉葉』は、行綱が「山手」を、義経は「一谷」を落としたとあるので、「実際には、行綱は『鵯越』を、義経は『一ノ谷』を攻めたのだ」などと考えることも可能であろう。

さらにもう一つの問題がある。平家の優勢という下馬評をくつがえしたのは、果たして奇襲攻撃の効果だったのか。『吾妻鏡』寿永三年二月二十日条には、一ノ谷合戦後、宗盛から京都の朝廷にあてた書状の文面が掲載されている。それによれば、合戦直前に後白河法皇から和平の調停をするという書状が届いたので、平家は兵に戦うなと命じていたが、源氏の武士たちが突然襲いかかってきたというのである。これが事実であるとすれば、法皇周辺と前線の武士の連絡が悪かったのか、それとも謀略だったのか。鎌倉側の『吾妻鏡』が載せている書状であり、事実無根とも思えない。和平提案の一方で源氏武士が平家陣営に襲いかかったのはおそらく事実だろうが、法皇の言葉を信じて敵襲に備えておかなかったのは宗盛のミスである——という上横手雅敬の示した理解が、現在もおおむね基本的な見方となっているといえよう。

この問題を重視するならば、源氏の勝因あるいは平家の敗因は、そもそも戦場での戦い方の問題ではなく、戦場の外でめぐらされた謀略、駆け引きの問題であったと考えることも可能である。真相はわからない。あるいは、いくつもの問題が複合していたかもしれない。一ノ谷合戦には、謎が多いのである。

2　「一二之懸」

熊谷直実の選択

さて、熊谷直実自身からはやや離れた、全体状況の説明が長くなってしまった。一ノ谷合戦の中で、直実はどのような位置にいただろうか。ここから先は、『平家物語』以外に史料が無い。『平家物語』によれば、直実は搦手の義経勢に属し、搦手中の搦手、坂落を敢行する部隊に配属されていた。本来の予定通りであれば、直実は義経と共に急峻な山路を駆け下りていたのかもしれない。

ところが、直実は義経の命令に背いた。『平家物語』によれば、平家との開戦前夜、二月六日の夜半に、直実は息子の小次郎直家を呼び寄せて、こう言った。

此手は、悪所をおとさんずる時に、誰さきといふ事もあるまじ。いざうれ、是より土肥がうけ給てむかうたる播磨路へむかうて、一の谷のまッさきかけう。

意訳すれば、次のようになろう。

この部隊は、断崖絶壁のような所を皆で一斉に駆け下りることになる。そういう集団的な戦いでは、誰が先陣だかわからないので、一人の手柄が目立つような戦いはできそうもない。それではつまらない。さあ、これから土肥実平が担当することになった播磨路方面に向かい、西の木戸口で先陣を果たそう。

本来は搦手の中の搦手ともいうべき義経直属部隊に配属されていた熊谷直実が、そこでは手柄が目立たないという理由で、搦手の中の大手正面とでもいうべき土肥実平の部隊に勝手に配置替えをして、そちらの戦場で先陣を果たそうというわけである。直実は、自分の活躍すべき戦場を自分の判断で選択し、息子と旗指《はたさし》を連れて、そこへ向かった。

組織戦の未発達と武士たちの行動

多数の部隊を手分けする際、個々の武士をどこに配属するかは大将軍の権限であり、それに背くことは許されないはずである。近代の軍隊でこのようなことをすれば、軍法会議にかけられてしまうことは間違いない。『平家物語』でも延慶本では、義経の陣営を熊谷直実がこっそり抜け出ようとした時、闇の中で義経に出くわしてしまい、何とかごまかしたものの、後日、「御曹司の御音《こゑ》をその時聞きたりしは、百千の鉾さきを身にあてられたらむも、これにはすぎじと、おそろしかりし」と回想したとしている。やはり、命じられた部隊と異なる方向へ勝手に向かうような行動は、その場で見つかったら罰を受けるのだろう。

しかし、日本のこの時代の合戦は、未だ組織的な戦術が発達していなかった。個々人の勇敢な行動が、戦局を左右するものとして最も尊重されたのである。単身、敵中に突っ込んで行くような行動は、無駄死ににに終わるようなことも多く、次第に戒められるようになってゆくが、『平家物語』の描く合戦は、未だそうした勇敢な行動が第一に讃えられた時代のそれであった。

源平合戦から百五十年ほど後の南北朝の戦い、『太平記』の描く時代には、楠木正成に代表されるような、工夫をこらして敵の裏をかき、変幻自在に作戦を遂行する賢い大将が賞賛されるし、さらに百年、二百年を経た戦国時代には、時には攻め、時には引いて、兵を思いのままに操る兵法が発達してゆく。しかし、『平家物語』は、最も賞賛される大将である義経が、梶原景時の逆櫓《さかろ》の案を否定する際に、「いくさはただ、ひら攻めに攻めてかッたるぞ心地はよき」（合戦というものは、ただひたすら攻めに攻めて勝つのが気持ちよいのだ。覚一本巻十一「逆櫓」に見える言葉）と言い放つような、組織的な作戦の未発達な時代の作品なのである。

直実が勝手に配属を変えたのは、誉められる行動ではなかったが、結果的に先陣を遂げ、成果を上げれば、罰せられないようなものだったのだろう。勝利のためには組織的な行動が何よりも大事、という時代ではなく、むしろ、勇気ある行動であれば、ある程度の勝手は許されるという雰囲気の中で、ハングリーな武士たちはひたすら勇敢さを競った。前章で述べたように、小身の武士たちは、手柄を立てて自分の生活を成り立たせるために戦っている。そのためには、極論すれば、自軍全体の勝利よりも自分が手柄を立てること、目立つことの方が大事なのである（もちろん、自軍が負けてしまっては誰も恩賞をもらえなくなってしまうから、負けては困るのだが）。直実の行動は、そのような武士たちの姿を如実に映し出しているといえよう。

熊谷直実の行動は彼の個性の問題ではなく、この時代の、そうした風土が生み出したものだから、他にも同じようなことを考える者がいたのは当然である。直実は、おそらく平山も同じようなことを考えているだろうと、偵察に下人を送った。前章で見たように、金砂城の戦いでも手柄を争ったライバル、西党の平山武者所季重である。やはり義経勢に属していた平山季重も、直実の予想通り、「他人はどうか知らないが、俺は一引きも引かずに戦うぞ」と自分自身に言い聞かせるような独り言を言いながら、馬に草を食わせていた。いつまでも草を食っている馬に、平山季重の下人が腹を立てると、「その馬も今宵限りの命なのだから、手荒な真似をするな」と言って、出発した。直実の下人が急いで報告したので、直実も「さればこそ」と、直ちに出発した。平山季重の様子から、決死の覚悟を察したのである。

闇の中の名乗り

直実が一ノ谷近くの塩屋（現垂水区）に出ると、そこには既に土肥実平の大軍が到着していた。直実は夜の闇にまぎれてその前を通り過ぎると、まだ夜中だというのに、一ノ谷の西の木戸口に押し寄せた。息子の直家に、「先陣を心がけているのが俺たちばかりだと思ってはいかん。既に到着して、その辺で夜明けを待っている奴もいるはずだ」と言うと、すぐに平家陣の垣楯《かいだて》（楯を並べて垣のようにしたもの）のそばまで歩み寄り、「武蔵国住人、熊谷次郎直実、子息小次郎直家、一谷先陣ぞや」と名乗った。

しかし、平家の側では相手にしない。「ほっとけ。相手にするな。疲れきるまで走り回らせ、矢種がなくなるまで射させればいい」と言い合っていた。熊谷父子がわずかな人数であること、ただ名乗りを上げたいだけなのだということを察知して、馬鹿にしているのである。直実も、闇の中で本格的な戦闘が始まるとは思っていない。敵軍に少しでも打撃を与えようとか、自軍が何とか有利になるように工夫しようというようなことではなく、とにかく名乗りを上げて、自分が先陣を遂げたという形を作りたかったのである。

味方同士の駆け引き

とりあえず、所期の目的を達した熊谷直実の後から、武者が一騎やって来た。「誰だ」と聞くと、「季重」と答える。「そう聞くのは誰だ」「直実だ」「なんだ熊谷殿か。いつからここに来たのだ」「俺は宵のうちから来ていたぞ」という問答が展開される。もちろん、直実も実はここに着いたばかりである。直実が義経陣を脱出したのは平山季重よりも遅れていたはずで、追い越したのは道の選び方が良かったか、馬が良かったか、あるいは平山季重がこの後に述べるように成田五郎にだまされて遅れたためであろうが、到着時刻に、平山季重と大した差があったはずもない。それでも「俺は宵のうちから来ていたぞ」と言ったのは、ライバルに少しでも差をつけようとするハッタリである。手柄を自分のものにしたい、ライバルに負けたくないという武士の意識は強烈である。

直実の言葉を信じて、自分がずいぶん遅れてしまったのだと思った平山は、自分が遅れたいきさつを、いまいましそうに語る。

俺もすぐに来るつもりだったんだが、成田五郎にだまされて、こんなに遅れちまったよ。成田が「死ぬ時は同じ所で死のう」とか何とか言うから、「それならば」と一緒に来たんだが、成田の奴、

「平山殿、あまり先に行ってはなりませんぞ。先陣というのは、後に続く味方がいてこそ意味があるもの。誰も見ていなければ、先陣をとげたのかどうかわかりません。たった一人で敵陣に駆け込んで討たれても、何にもなりませんよ」とか言って俺を引き留めるんだ。なるほどと思って、小さな坂を登ったところで後ろを向いて待っていたら、成田の奴、後から追いついて来て、俺と戦い方の相談でもするかと思ったら、俺をちらっと見て、そのまま追い抜いて必死で走って行きやがるのよ。「何だ、この野郎、俺をだまして先駆けを狙っていたんだな」と思ってな、一度は六〇メートルぐらい離されたんだが、奴の馬は俺の馬より弱そうだったから、全力で走って追いついて、「よくも、この俺をだましやがったな」と一声かけて、たちまち追い抜いてやったのさ。そのままほったらかして走ってきたから、今頃はずいぶん後ろにいるだろう。俺の後ろ姿さえ見えなくなったはずだよ。

味方をだましてでも先陣を遂げようとする武士の姿は、たとえば、宇治川先陣の佐々木高綱にも見ることができる。佐々木高綱は、ライバルの梶原景季に「馬の腹帯が延びていますよ」と声をかけ、景季がスルスミの腹帯を直している間に名馬イケズキで追い抜いたのだが、『平家物語』では、これはむしろ知略の勝利として肯定的に描かれているといえよう。味方をだまして出し抜く行為も、軍全体の勝利のためには百害あって一利無しというべきで、戦国時代には厳しく戒められるようになるが、この時代にはそこまで悪いこととはされなかったようである。ただし、だまされた当人が立腹するのは当たり前だが。

配属を勝手に変える行為といい、味方をだます行為といい、組織戦が重視される時代には厳罰に処せられるはずの行為だが、功名を求める個々の武士たちのエネルギーを原動力として戦っていたこの時代の合戦では、そうした行為を一々厳しく罰していては合戦が成り立たなかったのだろう。遠く離れた時代に生きている私たちは、武士たちの闘志のあり方を正確に見定めなければ、この時代の合戦や物語を理解することができない。

一二之懸

さて、平家陣の前には、熊谷直実・直家親子と平山季重、それに熊谷と平山の旗指が一人ずつで、合計五騎が待機したまま、次第に夜が明けてきた。そこで熊谷直実はもう一度名乗った。夜半のうちに名乗りは上げていたのだが、平山が聞いているところで、念のためにもう一度名乗ろうと思ったのである。

これを聞いて、平家陣からは、「さて、一晩中うるさくわめいていた熊谷親子を、そろそろ捕まえてやろうじゃないか」と、越中次郎兵衛盛嗣、上総五郎兵衛忠光、悪七兵衛景清、後藤内定経といった錚々たる侍大将たちを筆頭に、二十余騎が門を開いて駆け出てきた。しかし、熊谷直実と平山季重は一歩も引かず、互いに入れ替わりながら激しく戦った。平家の武士たちは、熊谷と平山に駆け立てられて、木戸口の中に逃げ込んでしまった。

そこで熊谷直実は平家を挑発し、それに乗せられた越中次郎兵衛盛嗣が寄って来る。しかし、熊谷親子の気迫に押されて引き返し、景清に批判されるという一幕がある。景清は、盛嗣に代わって戦おうとするが、盛嗣に止められる。盛嗣にしてみれば、熊谷直実のような身分の低い武士を討ち取るために危険を冒す必要はないというわけである。その後、平家は熊谷・平山に近寄らず、弓矢で射るばかりで、わずかな敵を討ち取ることができない。平家の馬は船に乗せていることが多く、運動不足で食事も十分ではなかったのに対して、熊谷と平山の馬は栄養満点の大きな馬で、馬同士がぶつかったら勝ち目がないので、平家としては接近戦に持ち込むことができなかったのだという。平山季重はたった一人の郎従である旗指を射られて、敵陣に突撃し、旗指のかたきを取って出てきた。熊谷直実も敵の首をたくさん取った。

熊谷直実は、敵陣の前に到着したのは先だったが、木戸口が開かなかったので、駆け入ることはなかった。一方、平山季重は、敵陣の前に到着したのは熊谷よりは後だったが、敵陣の中に駆け込んだのは熊谷よりも先だった。そのようにして、どちらが先陣か、一二を争った――というのが、覚一本「一二之懸」の結びである。ただ、覚一本では、平山・熊谷が敵の木戸口の中に駆け入ったという点をはっきり記していない。強いていえば、平山季重が旗指のかたきを取ったあたりの記述がそれにあたるのだろうが、熊谷直実が敵陣に駆け込んだのかどうかは全く不明瞭である。

この点、延慶本などの多くの諸本では、展開が異なる。延慶本では、次のようである。熊谷直実は夜通し名乗りの声を上げ続け、平家は夜が明けないうちから遠矢で盛んに射たが、熊谷父子を討ち取ることはできなかった。夜が明けて、熊谷父子の悪口にいら立っていた平家の二十三騎が門を開き、打って出た。しかし、平家は熊谷父子ばかりを意識して、平山季重は警戒していなかった。熊谷直実の郎等かと思っていたのである。そこで、敵に目をつけられていなかった平山季重は、隙を突いて木戸口の中に駆け込んだ。驚いた平家の二十三騎は、平山季重を追い、あわてて自陣内に戻ったため、熊谷直実もその後について敵陣内に駆け込んだ。そうして、平山季重と熊谷直実は、しばらくの間、敵陣内で暴れ回ったと描くわけである。これなら、平山・熊谷の敵陣への突入が明瞭である。また、熊谷が早くから名乗ったため平家に警戒され、遅れて来た平山は警戒されなかった分、先に敵陣に駆け込むことができたという筋立てもしっかりしている。諸本の形はさまざまだが、むしろ延慶本に近い構成の本が多いというべきだろう。覚一本は、概してこうした筋立てがしっかりしている本なのだが、ここは例外というべきか。

ともあれ、先陣という大きな功績を狙って、熊谷直実と平山季重が息詰まるような争いを展開する姿が見て取れるだろう。武士たちは、命をかけて功名を狙い、敵の隙を突き、味方の隙をも突いて、死闘を繰り広げたわけである。

息子を気遣う父の姿

さて、右の記述の中で、一つ省略していたことがある。戦いの途中で、熊谷直実が息子の小次郎を気遣う場面である。覚一本では、平家が木戸口の中に逃げ込んでしまった後、熊谷父子を盛んに射て、小次郎直家が左腕を負傷したとする。そこで、直実は「いかに小次郎、手負うたか」と尋ね、「つねに鎧づきをせよ、裏かかすな。錣《しころ》を傾けよ、内甲《うちかぶと》射さすな」と教えたという。「鎧づき」は、鎧を揺すって、敵の矢が当たっても深く刺さらないようにすること。「錣」は兜の後ろに垂れ下がった部分。兜を目深にかぶり、錣が首筋に密着する前傾姿勢になって、顔面（内甲）を射られないようにする意である。

一方、延慶本では、小次郎の負傷は描かないが、夜明け前から名乗りを上げ続け、平家に盛んに射られた時に、覚一本と同様、鎧づきなどを指導したとする。負傷の記事の有無によって印象は異なるが、熊谷直実が、このような戦闘の最中に息子を気遣う父親の顔を見せているのは興味深い。

武士たちが功名を狙うのは所領を得るためだが、所領は、自分の代が終われば息子に継がせるわけで、跡継ぎがいなければ所領を得てもしかたがない。その意味では、武士たちは息子のために戦っているのだといってもよい。従って、この時代の武士たちは、息子をとても大事にする。

一ノ谷合戦の大手で戦っていた梶原景時は、一度敵陣に突入して自陣に帰った後、長男の源太景季の姿が無いことに気づき、

世にあらむと思ふも子共がため、源太うたせて命いきても何かせん
（自分が出世しようと思うのも、子供に跡を継がせるためである。源太を討死させてしまっては、自分が生き延びてもしかたない）

と、もう一度敵陣に突入し、息子を救い出す（「二度之懸」）。巻八「妹尾最期」の妹尾太郎兼康は、命からがら逃げた時、息子の小太郎宗康がついて来ていないことに気づくと、

兼康は千万の敵に向かッて軍するは四方はれておぼゆるが、今度は小太郎を捨ててゆけばにや、一向前が暗うて見えぬぞ

（私は、たくさんの敵と戦う時には四方が晴れたような明るい気分になるが、今は小太郎を捨てて行くからだろうか、目の前が真っ暗になって何も見えないぞ）

と、息子を助けに戻り、共に討死する（いずれも覚一本による）。

熊谷直実が小次郎直家を気遣うのも、こうした武士たちと同様といえようが、ここでそうした姿を点描していることは、この後、敦盛を討つ際の直実の心理を描く上で、微妙に伏線となっているともいえよう。特に覚一本の場合は、敦盛を殺せなくなる直実の心理描写の中に、「小次郎が薄手負ひたるをだにも、直実は心苦しうこそ思ふに」という一節を用意し、「一二之懸」の小次郎負傷場面と明瞭に結びつけている。

ともあれ、『平家物語』をここまで読んできて、「敦盛最期」を読む準備がようやく整った。ではいよいよ、熊谷直実を文学史上の有名人にしたてあげた最大のトピックである「敦盛最期」を読んでみよう。

3 「敦盛最期」——覚一本『平家物語』から

互角の戦いと見えた一ノ谷合戦は、義経の坂落によって源氏が勝勢となった。平家陣は崩壊し、将も兵も船に乗って逃げようと、争って海岸へ向かった。その時、熊谷直実はどうしていたか。しばらく、覚一本『平家物語』によって読んでみよう。

功名への執念

いくさやぶれにければ、熊谷次郎直実、「平家の君達、たすけ船に乗らんと、汀《みぎは》の方へぞ落ち給らん。あはれ、よからう大将軍に組まばや」とて、磯の方へあゆまするところに……

直実は、平家の公達が助け船に乗ろうとして海岸へ逃げてくるのを、虎視眈々と狙っていた。前節で見たように、直実は既に先陣の功をあげていたのだが、それだけではまだ足りない。この好機に可能な限り功名をあげておかなければ、次の機会はいつあるかわからないのである。功名となる首を狙う武士の眼は、獲物を狙う猟師の眼と同じというべきか、あるいはそれよりも貪欲に光っていたというべきだろうか。

武士たちの功名の主要なものに、先陣と敵の首があった。首は、敵の身分が高ければ高いほど大きな手柄となる。「よからう大将軍に組まばや」とは、より身分の高そうな敵を見つけ、組み打ちをして首を取りたいという意味である。ただし、身分の高い武士は得てして多くの郎従を連れている。自分の郎従などほとんどいない直実は、あまり多くの敵を相手にすれば返り討ちにされてしまう恐れもある（なお、諸本とも、この場面の直実は何故か一人で行動しているように描かれ、「一二之懸」に登場していた息子の小次郎直家や旗指は出てこない。覚一本では直家は負傷していたのだと説明できないこともないが、むしろ話の都合というべきであり、多分に独立性の高い本話の性格を示すものかと思われる）。従って、できれば、身分は高いものの、味方からはぐれて一人で逃げている公達が良いわけである。

敦盛登場

しかし、そんな都合の良い相手がいるだろうか――と思うところだが、それがいたのである。熊谷直実の目に入ったのは、見るからに身分の高そうな公達が、たった一騎で海に入り、馬を泳がせて逃げて行くところだった。いうまでもなく、これが平敦盛だが、覚一本は公達の名を明かさないまま、直実の視点で物語を進めてゆく。

練貫《ねりぬき》に鶴縫うたる直垂に、萌黄《もえぎ》の匂の鎧きて、鍬形打ッたる甲《かぶと》の緒しめ、黄金作りの太刀を帯き、切斑《きりふ》の矢おひ、滋籐《しげどう》の弓持ッて、連銭葦毛なる馬に黄覆輪《きんぷくりん》の鞍置いて乗ッたる武者一騎、沖なる船に目をかけて、海へざッとうちいれ、五六段ばかりおよがせたるを……

名は知れないものの、「黄金作りの太刀」や「黄覆輪の鞍」は、金で装飾した太刀や鞍。その他の装束や武具・馬具も立派なもので、どう見ても雑兵ではない。これこそ、直実が狙っていた理想の獲

扇で招く熊谷直実と振り返る敦盛
（『平家物語絵巻』巻九，林原美術館蔵）

物ではないか。ただし、問題はこの公達が海に飛び込み、馬を泳がせて、既に六〇メートル前後も沖に進んでいたことである（一段は約一一メートルで、「五六段」は五五〜六六メートル程度。一段を二・七メートルとする説は誤り）。弓矢で確実に射殺せる距離ではないし、もし矢が当たったとしても、この公達が海に沈んでしまっては何にもならない。目的は敵を殺すことではなく、首を取ることなのである。

そこで、直実は、「あれは大将軍と見参らせ候へ。まさなうも敵に後ろを見せさせ給ふものかな。かへさせ給へ」と叫び、扇を挙げて敵を招いた。「敵に背を見せるとは卑怯だぞ」というわけだが、もちろん、そんなことを言われたからといって戻ってくる義理はない。普通はそのまま船に向かって逃げるところだが、敦盛はなぜか海岸へ戻って来た。若武者の意地であったのか、何か思うところがあったのか。『平家物語』は、諸本ともそれを語らない。あるいは物語の都合というべきことなのかもしれない。

それはともあれ、扇で招く直実と、招かれて振り返る敦盛の姿は、後代、きわめて多くの絵に描かれた。『平家物語』の中でも最も多く描かれた名場面の一つというべきだろう。本書のカバーの『一ノ谷合戦図屛風』も口絵の『一の谷合戦図屛風』も、右の『平家物語絵巻』も同じ構図である。陸上の直実と海上の敦盛を対比し、また、たくましい壮年の武者・熊谷直実と、美しい少年の公達・敦盛を対比する。その構図が絵師たちに愛されたのだろうか。また、著名な物語の一節ということもあって、多くの絵巻に取り入れられ、あるいは、屛風などの形を取って描かれたわけであろう。現在、熊谷駅前に立っている熊谷直実の銅像も扇をかざしていることは、序章で見たとおりである。

一瞬の心変わり

海岸に戻ってきた敦盛を、熊谷直実はやすやすと組み伏せる。合戦経験に乏しい若武者は、老練な直実の敵ではなかった。直実はいとも簡単に大手柄をあげたかに見えたのだが、しかし、その時、異変が起きた。

おしならべてむずと組んでどうど落ち、とッておさへて頸をかかんと、甲《かぶと》を押しあふのけて見ければ、年十六七ばかりなるが、薄化粧してかねぐろなり。我子の小次郎がよはひ程にて、容顔まことに美麗なりければ、いづくに刀を立つべしともおぼえず。

(馬を並べて組み合い、互いに馬からどっと落ちて、熊谷は敵を取り押さえ、兜をぐいっと押し上げて顔を見た。すると、相手は十六、七歳の、薄化粧をしてお歯黒をした若武者だった。わが子の小次郎と同じぐらいの年齢である上に、容貌はとても美麗で、どこに刀を突き立てて良いかわからない)。

この時代、顔面を守る頰当《ほおあて》のようなものはまだないので、武士たちは飛んでくる矢から顔面を守るために兜を目深にかぶっている。そのため、組み打ちをしていても、敵の顔はよく見えていなかった。さあ首を取ってやろうと喜んだ直実が、敵の兜をぐいっと押しのけた瞬間、初めて敦盛の顔が目に入ったのである。その瞬間、直実は、この少年の首を取ることができなくなってしまった。これは大手柄だと喜んでいた心が一瞬に変わってしまった、その理由は二つある。一つはこの少年の年齢が十六、七歳、つまり息子の小次郎直家と同年配に見えたこと。もう一つは、薄化粧してかねぐろ（鉄漿黒。お歯黒のこと）をしたその顔が、あまりにも美しかったことである。

まず自分の息子と同じぐらいの年齢、次に都の文化を体現する優雅な美しさ、この二つは諸本にわたって大きくは変わらない、この話の基本要素である。後述するように、直実の心の変化の過程は、異本によって描き方が大きく異なるのだが、覚一本では、敦盛の顔を見た瞬間、一瞬にして心が変わったと描くところが物語としてのみごとさでもあり、また、理屈をいえば不自然なところでもある。敦盛の容貌は、おそらく小次郎直家とは大きく異なるだろうに、それを一瞬で直家と同年配と見て息子に重ね合わせ、討てなくなってしまうほどの心変わりが生じただろうか――といった疑問が湧くわけだが、これはいくぶん野暮な疑問である。恋愛においても、純粋な一目惚れということは実際にはめったにないだろうが、物語の世界では十分にあり得る。直実が、獲物を狙う猟師の心から、十六、七歳の子を持った父親の心に、そして少年の優雅な美しさを理解する人間の心に、一瞬で変化したと描くのが、時間を集約した描き方を許容する文学というものであろう。

なお、覚一本の描写が、ある意味で一目惚れに似ていることは確かだが、それは、直実が美少年敦盛に男色の恋情を抱いたのだろうとする岩田準一などの読解への賛成を意味するわけではない。近世にはそうした趣向の歌舞伎作品などもあるが（第四章3節参照）、男色という読解では、もう一つの要因である息子と同年配という要素が生かせないからである。年齢と美しさという二つの要素は、どちらがこの話の本質ともいえないが、どちらかといえば、年齢の要素、父親としての心情の方がより重要ではないかと、筆者は考えている。その点は、この後、おいおい説明してゆきたい。

名乗らない敦盛

首を取れなくなってしまった熊谷直実は、敦盛に問いかける。「あなたはどのようなお方ですか。お名乗りください。お助けしましょう」と言うのだが、敦盛は「そういうおまえは誰だ」と聞き返す。「名乗るほどの者ではございませんが、武蔵国の住人、熊谷次郎直実と申します」と名乗ると、敦盛は答えた。

さては、汝《なんじ》に会うては名乗るまじいぞ。汝がためには良い敵《かたき》ぞ。名乗らずとも頸を取ッて人に問へ。見知らうずるぞ。

（それでは、お前に対しては名乗りはしないぞ。しかし、お前にとって私の首は価値のあるものだ。名乗りはしないが、私の首を取って人に見せて聞いて見ろ。知っているはずだ）。

名乗りは、基本的には対等の者同士で交わすものであった。熊谷直実は、いい年をして「武蔵国の住人」としか名乗れない、つまりは無官無位で、先祖にもさして誇るべきところのない、下級の武士であった。その名乗りを聞いて、敦盛は「それでは身分が違いすぎるから、お前に対しては名乗らない」と言ったわけである。そして、「お前たちのような下級武士にとっては、身分の高い私の首は良い手柄になるぞ。私の首を人に見せて聞いてみろ。ちゃんとした身分のある人なら、私の顔を知っているはずだ」と言うのである。

平等意識の浸透した現代の私たちにとっては、敦盛の言い分は何とも鼻につくものである。年上の武士に対して、「お前は身分が低すぎて私を知らないだろうが、私は身分が高いから、ちゃんとした人に見せればすぐわかる。お前たちにとっては値打ちのある首だ」と言ってのける少年は、高慢な悪役にさえ見える。

しかし、身分制社会に生きていた熊谷直実の受け止め方は、逆であった。「この絶体絶命の状況で、敵に命乞いをしたり、卑屈になったりせず、あくまでも高貴な者としての立場を貫いている。まだ若いのに、何と立派な人だろうか」といった感想が、直実の抱いたものであったと考えてよいだろう。敦盛の顔を見て一目で殺意を失ってしまった直実は、このやりとりで、ますますこの少年を殺せなくなってしまうのである。

敦盛の首を取る

思い悩んだ熊谷直実は、ついにこの少年を助けようと決意する。その心は、次のように描かれる。

あッぱれ大将軍や。この人一人討ちたてまつたりとも、負くべきいくさに勝つべきやうもなし。また討ちたてまつらずとも、勝つべきいくさに負くることもよもあらじ。小次郎が薄手負ひたるをだにも、直実は心苦しうこそ思ふに、この殿の父、うたれぬときいて、いかばかりか歎き給はんずらん。あはれ、助けたてまつらばや。

（ああ、りっぱな大将軍だ。この人一人を討ったからといって、負け戦が勝ちになるわけではないし、逆に討たなかったからといって、勝ち戦に負けることもあるまい。小次郎が軽い傷を負っただけでも私はとても心配したのに、この方の父君は、子息が討たれたと聞いてどんなにお嘆きになることだろう。ああ、お助けしよう）。

敦盛の高貴さへの敬意と、父としての思いが、熊谷直実に敦盛の助命を決意させたわけである。考えてみれば、この人を討ち取ったからといって負けそうな戦いに勝てるわけでもないし、討たなかったからといって負けるわけでもない――というのは戦場ではあるまじき言い分だろうが、もともと直実は平家の人々を憎んで戦っているわけではない。自分の生活のため、息子に継がせる所領のために戦っているのである。

この時、直実は「小次郎が軽い傷を負っただけでも、私はとても心配した」と、父としての思いを吐露する。これが「一二之懸」の小次郎直家負傷の記事と呼応していることは、前節末尾に見たとおりである。「軽い傷でもあんなに心配なのに、このお方の命を取ってしまったら、このお方の父上は、どんなに歎かれることだろうか」と思う直実は、敦盛を自分の息子と重ね合わせるだけではなく、その背後にいるはずの、自分と同じように息子を気遣う父親の姿をも見てしまった。ついさっきまで、獲物として、敵としてしか見えていなかった相手が、自分と同じように家族を持つ人間に見えてしまったのである。一度そうなってしまえば、人間が人間を自分の手で殺すのは、どんなに難しいことだろうか。

しかし、直実がそう思った時には既に遅かった。後ろを見ると、土肥実平と梶原景時が五十騎ばかりで後に続いている。土肥と梶原は源氏軍の侍大将の筆頭クラスであり、軍全体を統括する立場にある。この二人の前で、捕らえた敵を逃がすわけにはいかないし、もし逃がしてもすぐに討たれてしまうだろう（ただし、西の木戸口方面の大将だった土肥はともかく、大手の侍大将として生田の森で奮戦していた梶原が、土肥と並んでここに現れるのは不自然である。覚一本では、梶原は平重衡を追いかけて須磨の辺りまで来てしまったと描いてはいるが、その記事自体にも無理がある。梶原が土肥と共に現れたとするのは、直実が敦盛を助けられない状況を描くための脚色か）。

熊谷直実は、ついに、敦盛の首を取らざるを得ない状況に追い詰められた。涙をおさえて「もうお助けすることはできません。同じことなら、人手にかけさせるよりも、この私が首を取って、後の御供養をいたしましょう」と語りかけると、敦盛は、「いいから早く首を取れ」としか言わない。直実は、あまりの悲しさに、目の前が真っ暗になり、前後不覚の状態だったが、ずっとそのままじっとしているわけにもいかず、ついに敦盛を殺して首を取ったのである。

心ならずも敦盛の首を取った熊谷直実は、鎧の袖を顔に押し当てて、さめざめと泣き、かきくどいた。

武芸の家に生れずは

あはれ、弓矢とる身ほど口惜しかりけるものはなし。武芸の家に生れずは、何とてかかる憂き目をば見るべき。情けなうも討ちたてまつるものかな。

（ああ、武士ほどいやなものはない。武芸の家に生まれていなければ、どうしてどうしてこんな悲しい思いをするはずがあろうか。情けなくもお討ちしてしまったものだ）。

「弓矢とる身」即ち武士ほどいやなものはない、武士の家に生まれて、人殺しを生業としていなければ、こんな悲しい思いをしなくてよかったのに、と嘆く熊谷直実は、武士という存在を心の底から否定している。

「敦盛最期」は『平家物語』の中でも最も有名な章段の一つであり、教科書にもしばしば採り上げられるのだが、それをどう教えるかを解説する、教師用の指導書の中で、以前、直実の心情を「武士の情け」という言葉で説明しているものを見かけたことがある（その後、その部分は改訂されたようだが）。しかし、「武士の情け」という言葉は、しばしば「武士の情けで、ここは見逃してやろう」などと使うように、武士同士の共通性、共感を前提として、相互に同情する、情けをかけることを表すものである。「武士は相身互い」などといった言葉もあるように、武士特有の感覚、武士としての立場を肯定する基盤の上に成り立つ言葉である。ところが、直実は、ここで武士の生き方そのものを否定しているのだから、この物語を説明するのに「武士の情け」の語を用いるのは適切ではない。

この物語の直実は、武士としてではなく、父親として、また、洗練された美しさにあこがれる一人の人間として敦盛を殺せなくなり、結果として武士を否定するのである。つい先ほどまで、この時代の中下級武士の典型として、功名を争い、抜け駆けし、一つでも多くの価値ある首を取って、少しでも多くの恩賞にあずかろうと全身全霊で戦っていた熊谷直実、つまり最も武士らしい武士だった直実が、一転して、そのような生き方そのものを心の底から否定するに至ってしまった。「敦盛最期」というのは、そういう物語なのである。

小枝の笛

しばらく泣いていた熊谷直実が、敦盛の首を鎧直垂で包もうとしたところ、腰に錦の袋に入れた笛を差しているのを見つけた。直実はこれにも感動する。「現在、我が軍には東国の勢が何万騎もいるが、その中に、戦場に笛を持って来ている者があるだろうか。身分の高い方々というものは、こんなにも優雅なものなのだ」と、義経の見参に入れたところ、皆が涙を流したという。先に、直実の心の変化は、敦盛の高貴さへの敬意と、父としての思いによるものだと述べたが、これは高貴さへの敬意を補強する逸話である。都の洗練された文化の優雅さ、それは自分たち東国武士にはないものであった。これもまた、武士を否定する理由となる。

覚一本では、ここまでテキストの表面では敦盛の名を出さずに名も知れぬ高貴な美少年として語ってきたのだが、最後にその素姓も明かす。実は、修理大夫経盛の子息、大夫敦盛、十七歳であったと

敦盛の笛を持って泣く熊谷直実
（『平家物語絵巻』巻九，林原美術館蔵）

いう（熊谷小次郎直家とは一歳違いだったことになる）。経盛は忠盛の三男。清盛の異母弟で、歌人でもあり、管絃の名手でもあって、子息の経正も、歌人、琵琶の名手とされる（経正の琵琶は、巻七「竹生嶋詣」や「経正都落」で名高い）。平家の文化的側面を代表する存在であった。その子息で、敦盛も笛の名手であったとされるわけである。

遺品の笛は、祖父の忠盛が笛の名手だったので鳥羽院から賜り、経盛から敦盛に伝わったものだといい、名を「小枝《さえだ》」といったとされる。笛については、覚一本では横笛だろうが、延慶本では篳篥《ひちりき》とするなど、諸本に異同がある。また、「小枝」の名は覚一本の他、源平盛衰記などにも見えるが、以仁王《もちひとおう》も同名の笛を持っていたとされる。笛の名としてはよくあるものだったと考えるべきなのだろうか。なお、後代、敦盛の笛といえば「青葉の笛」と伝えられるようになるが、「青葉」も古来の名笛の名の一つ。敦盛に関連づけられたのは、世阿弥の謡曲「敦盛」以降であろうか（第四章2節参照）。

なお、覚一本では、この笛を見た直実が、「あないとほし、この暁、城の内にて管絃し給ひつるは、この人々にておはしけり」とつぶやいたとあるが、直実が管絃を聞いたという場面は描かれていない。直実が平家の城郭の近くに着いたのは合戦直前の夜中なので、「この暁」は当日の朝、つまり熊谷父子が先陣の名乗りを上げていた頃ということになる。実際、源平盛衰記では直実が名乗りを上げた後、平山・成田が浜辺に着いたところで、櫓の上で管絃をしているのを聞いたとする。だが、既に敵が名乗りを上げ、もはや戦いが始まった後で管絃をしていたというのは、いささか無理がある話というべきだろう。しかし、直実が合戦直前に敦盛らの管絃を聞いたという話は、謡曲「敦盛」をはじめ、後代の芸能では盛んにとりあげられることになる。

ともあれ、覚一本は、この笛の一件によって、「それよりしてこそ熊谷直実が発心の思ひは進みけれ」、つまり直実の発心の思いが一段と進んだとして、「狂言綺語のことはりといひながら、遂に讃仏乗の因となるこそ哀れなれ」と、章段を結ぶ。「狂言綺語」は、本来は飾った言葉、虚偽を含む文学の言葉を指す語だが、この時代には管絃つまり音楽芸術にも適用されるようになっていた。芸術自体は迷妄だが、それも人間を仏道に導くきっかけたり得るというわけである。覚一本は、このように、直実が武士を否定して仏道に向かった心の動きを、敦盛の優雅さに結びつけて説明し、「敦盛最期」の章段を仏教的に結んでいるわけである。

4　父親の心――延慶本『平家物語』から

延慶本の熊谷直実と敦盛

さて、前節では覚一本『平家物語』で「敦盛最期」を読んできたわけだが、より古い形を伝えているかとされる延慶本『平家物語』では、基本的には同じ話に基づきながら、ずいぶん違う物語になっている。本節では、覚一本との重要な相違点を拾いながら、この物語を延慶本でもう一度読んでみよう。

獲物を探す熊谷直実の眼に、高貴そうな装束の敦盛が映り、呼び返されて海岸に戻り、組み伏せられるまでの展開は、延慶本も、さほど大きな違いはない。敦盛が覚一本の描くほど弱くはなく、「上になり下になり、三離れ四離れ組みたりけれども、つひに熊谷上になりぬ」というような戦いは展開するが、結局組み伏せられてしまうのは大きな違いはない。重要な相違は、その後の展開である。

延慶本でも、敦盛を組み伏せてからその顔を見て、美しさに戦意が鈍るという展開は同様であり、直実の、「抑《そもそ》も君は誰人の御子にて渡らせ給ふぞ」という問いかけに、敦盛が、ただ「とく切れ」と答える点は大差ない。しかし、その後が異なる。延慶本では、直実が次のように言うのである。

君を雑人の中に置き進《まゐ》らせ候はむ事のいたはしさに、御名を備《つぶ》さに承りて必ず御孝養申すべし。その故は、兵衛佐殿の仰せに、「能《よ》き敵《かたき》打ちて進《まゐ》らせたらむ者には、千町の御恩有るべし」と候ひき。

彼の所領、即ち君より給はりたりと存じ候ふべし。是は武蔵国住人熊谷二郎直実と申す者にて候ふ。

つまり、延慶本の直実は、覚一本のように、敦盛を殺す意志を一瞬でなくしてしまったわけではない。この時点では、敦盛の首を取る意志は全く変えていないのだが、ただ、「取った首を雑兵と同じように扱うのはあまりにお気の毒なので、お名前などを詳しく伺って、供養したい」というのである。さらに、その供養の財源について、「よい敵を討った者には、千町という大きな恩賞があると、頼朝殿から伺っております。その土地はあなたからいただいたものと思って、その収益によって供養をさせていただきます」と説明するわけである。価値ある首を取って功名をあげ、大きな恩賞を得るという一攫千金の夢を、直実はまだ全く捨てていない。ただ、敵の美少年に同情して、期待される収益の中からいくらかを、供養として還元しようというのである。名前がわからなくては遺体の扱いも雑兵とまぎれてしまい、供養もできないので、直実は、敦盛に素姓を尋ねたわけである。

名乗る敦盛

延慶本の敦盛は、しかし、この熊谷直実の申し出に心を動かされる。覚一本の描く敦盛のような、「こんな身分の低い相手に名乗れるものか」という態度ではない。

「いつのなじみ、いつの対面ともなきに、是程に思ふらむこそ難有《ありがた》けれ。又、名乗りても討たれなむず、なのらでもうたれむず。とても討たるべき身なれば、又かやうに云ふも疎《おろそか》ならず」と思はれければ、「我は太政入道の弟、修理の大夫経盛の末子、大夫敦盛とて、生年十六歳になるぞ。早切れ」とぞ宣ひける。

「会ったこともないのに、こんなに懇切に供養を申し出てくれるのは有り難いことだ。どうせ、名乗っても名乗らなくても討たれるのだから、ここまで言ってくれる相手には名乗ってもよかろう」と思った敦盛は、「私は、清盛の弟の経盛の末子、大夫敦盛といって、生年十六歳になるぞ」と名乗った。「早切れ」という言葉を添えていて、潔い大将軍であることに違いはないが、直実との間には既に心の通い合いがある。

そして、この「生年十六歳」という言葉が、直実の心を次の段階に進めた。

直実が子息小二郎直家も十六ぞかし。さては吾が子と同年にておはしけり。かく命をすて軍《いくさ》をするも、直家が末の代の事を思ふが故也。我が子を思ふやうにこそ、人の親も思ひ給ふらめ。此の殿一人打たずとも、兵衛佐殿、勝ち給ふべき軍によも負け給はじ。打ちたりとても、負け給ふべくはそれにもよるべからず。

延慶本では、「十六歳」という年齢を敦盛の口から聞いたことにより、直実の心が動く。「自分がこうやって命をかけて戦うのも直家の将来のためである。私が自分の息子を思うように、この人の父親もこの人を思っているだろう。いっそ助けられないか……」と、ここで直実はついに、敦盛を助けたいと思い悩む。しかし、周囲に味方が、特に土肥実平が現れ、泣く泣く敦盛の首を取るという展開は、覚一本と大差ない。

要するに、延慶本の場合、敦盛の顔を見た瞬間に首を取れなくなってしまうという、覚一本のような劇的な変心は描かず、直実の心理が動く過程を、段階を踏んで描いているわけである。物語としては少々じれったい展開だが、自分の息子と同年配であることを瞬時に判断するわけではなく、会話によって知るあたり、心の動きとしては自然である。その変心の過程で、敦盛の美しさや高貴さへの敬意は、決定的な役割を果たすわけではない。功名によって恩賞を得ようと願う直実の心を根底からひっくり返したのは、「十六歳」という年齢を聞いて、自分の息子への思いと経盛（敦盛の父）の敦盛への思いを重ね合わせたことなのである。

経盛への手紙

もちろん、延慶本でも、敦盛の高貴さ、文化的な優雅さは十分に描かれている。むしろ、その題材は覚一本より多い。覚一本では遺品を「小枝の笛」しか描いていないところ、延慶本では「月影」という篳篥《ひちりき》と巻物の二つを描き、巻物に記されていた四季を描く美文まで紹介している。この点は長門本や四部合戦状本、源平闘諍録といった読み本系にも共通するが、四部合戦状本では、巻物を「女房よりの御文」、つまり恋人からの手紙としている（恋人は平教盛の娘、十四歳であったという。敦盛の恋人ないし妻の話題は、後代に展開する。第四章2節以下参照）。しかし、延慶本などの読み本系諸本は概して饒舌なので、遺品のような小道具を多く描いても、それは必ずしも重要なわけではない。延慶本の本話の場合、遺品の巻物の文章を紹介し終えても、まだ量的には話の半分も終わっていない。その後、長々と、覚一本にはない物語が展開される。それは、熊谷直実が敦盛の父・経盛と書状をやりとりした話である。

延慶本によれば、直実は、敦盛の首を直垂に包み、遺品の篳篥と巻物を使者に預けて屋島に送り、経盛に届けたのである（敦盛の首ではなく、遺骸を送ったとする長門本の伝もある）。平家の人々は、源氏の兵の直実からの使いと聞いて驚いたが、受け取ってみると、敦盛の首と遺品であり、それに直実からの手紙が添えられていた。その手紙には、敦盛を討つに至った経過や、供養への意志などが、文飾の多い漢文で書かれていた。書き下して紹介すれば、次のようなものである。

謹言。不慮に此の君に参会し奉りし間、呉王の勾践《こうせん》を得、秦皇の燕丹に遇ふ恚《いか》りを挿《さしはさ》みて、直ちに勝負を決せんと欲する剋《きざみ》、俄《にはか》に怨敵の思ひを亡じて、還りて武威の勇みを投ぐ。剰《あまつ》さへ、守護を加へ奉る処に、大勢襲ひ来る。

時に始めて源氏を射ると雖も、彼は多勢、是《これ》は無勢也《なり》。樊噲《はんくわい》還りて養由《やういう》が芸を慎しむ。爰《ここ》に直実、適《たまたま》生を弓馬の家に受けて、幸に武勇を日域に耀《かかやか》し、謀《はかりこと》を洛城に廻らし、旗を靡かし、敵を寃《しへたぐ》る事、天下無双の名を得たりと雖も、蚊虻《ぶんぼう》群《むら》がりて雷をなし、螗蜋《たうらう》集まりて車を覆《くつがへ》す事有るが如し。慭《なまじい》に弓を引き矢を放ちて、空しく命を東方の軍に奪はれ、徒《いたづ》らに名を西海の波に沈むること、自他の科《とが》にして家の面目に非ず。

而る間、此の君の御素意を仰ぎ奉る処に、御命を直実に給はりて、御菩提を訪《とぶら》ひ奉るべき由、仰せ下さるるに依りて、落涙を押へ乍《なが》ら、図らざるに御首を給はり畢《を》はんぬ。恨めしき哉《かな》、拙《つたな》き哉《かな》、此の君と直実と悪縁を結び奉つる事。歎かはしき哉、悲しき哉、宿運深く厚くして、怨敵の害を為す。

然りと雖も、翻して此の逆縁に非ずは、争《いか》でか互に生死の木縄《きづな》を切りて、一つ蓮《はちす》の実と成らむ。然れば則ち、偏《ひと》へに閑居の地形を卜《し》めて、併《しかしなが》ら御菩提を祈り奉るべし。

直実が申す所の真偽、後聞に其の隠れ無く候ふか。此の趣を以て洩らし御披露有るべく候ふ。恐惶謹言。

二月八日　直実

進上　平内左衛門尉殿へ

文飾が多い上に誤写もあって読みにくいが（明らかな誤字は一部訂正した）、詳しい語釈は省略して、ごく簡単に要約すれば、大意は次のようなことである。

この君（敦盛）と戦場で出会い、戦おうとしたのですが、私は戦意を失い、むしろ守護したいと思いました。そこに源氏の軍勢が襲いかかってきたので、私は初めて源氏と戦ったのですが、源氏は多勢で、戦っても勝ち目がありません。そこで、この君（敦盛）に御意志を伺ったところ、命は直実に与えるので菩提を弔って欲しいとおっしゃったので、涙をおさえて首を頂戴したのです。私どもが悪縁によって結ばれていたことは、誠に悲しいことです。しかし、この縁によってこそ、共に極楽往生できるのではないでしょうか。私はもはや出家して、ひたすらこの君の菩提を祈るつもりです。

これに対して、直実の誠意に感動した経盛も、もらった手紙と同様の漢文で、同じぐらい長い返事を出したとするのだが、あまりにも冗長になるので、引用は省略する。ただ、子息敦盛の首だけでも戻ってきたことに感涙を流し、このような例は和漢両国に聞いたことがないとして、直実の厚情に感謝した手紙であったことは記しておこう。

熊谷状の素姓

この熊谷直実と平経盛の手紙のやりとりは、延慶本の他にも読み本系の長門本・源平盛衰記、また、語り本系の百二十句本や平松家本・鎌倉本などに記されている。さらに、後代には往来物（手紙の文章の見本）の中に取り入れられ、江戸時代には『古状揃』などの名で刊行された一種の教科書にもしばしば取り上げられて、「熊谷状」「経盛返状」などと呼ばれている。寺子屋の子供たちなどが、手習いの見本としたわけである。今ではあまり知られていないが、かつてはとても有名な書状だったのである。

しかし、有名ではあっても、その素姓は怪しい。まず、歴史上の実在人物としての熊谷直実が、このような手紙を書いたかといえば、その可能性は限りなく低い。手紙の真偽以前に、せっかく取った敦盛の首を平家のもとに送ってしまったということ自体、信じがたいし、合戦直後の時点で直実が既

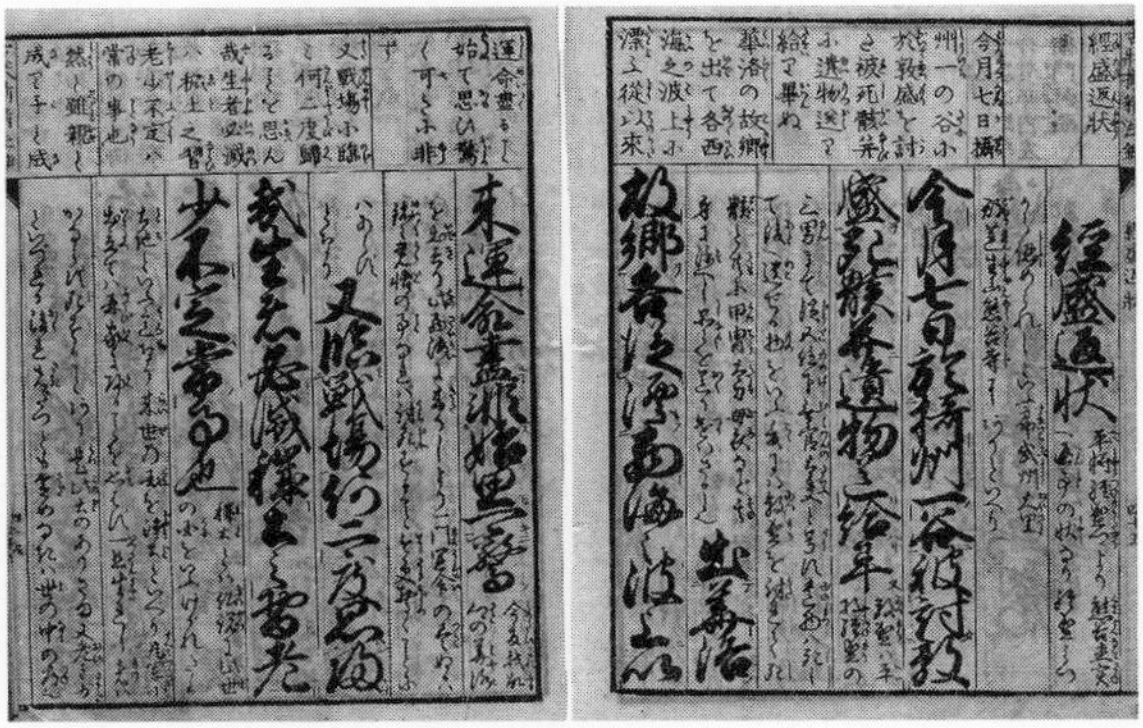

「経盛返状」
（天保十四年版『古状揃精注』）

に出家の覚悟を固めているというのも信じられないなど、直実が経盛に敦盛の首や手紙を送ったという物語の枠組み自体が、とうてい事実とは思えない。

それを別としても、直実は合戦直後にこのような文飾の勝った漢文の手紙をすらすらと書き上げることができただろうか。亀山純生が指摘しているが、直実が書いた文書は、出家後も仮名書きのものが多かった。『法然上人行状絵図』（四十八巻伝）が、それを「みな和字なりといへども、よみにくきによりて少々漢字になす」と断って、一部を漢字に置き換えて引用しているほどである。そのような熊谷直実が書いた文書にしては、この漢文書状は凝りすぎている。たとえば、冒頭の「呉王の勾践を得、秦皇の燕丹に遇ふ恚《いか》りを挿《さしはさ》みて」という部分は、ただ直実と平敦盛が源平に分かれて戦ったという当たり前の事実を述べたいだけなのだが、そのために、呉越合戦の故事による呉王夫差と越王勾践、続いて燕丹説話（咸陽宮説話）の故事による秦の始皇帝と燕の太子丹という敵対関係を引いて、「そうした中国故事と同じように敵対心を燃やしていました」と説明している。わざわざこうした著名な故事をちりばめて飾った漢文を、実在の直実が書いたとはとても思えないわけである。

さらに、物語の中でも、この書状は浮き上がっている面がある。書状では、直実は敦盛に「守護」を加えたとして、「時に始めて源氏を射ると雖も、彼は多勢、是《これ》は無勢也《なり》」と、味方の源氏と戦ったと記しているのだが、そんなことは直実が敦盛を討つ場面には書かれていなかった。物語の地の文では、直実はあくまでも敦盛を殺せなくなっただけである。仮に敦盛を守ってやりたいと思ったとしても、味方の軍勢と戦おうとまで思ってはいないし、まして、実際に味方を射たとは描いていない。この点は、諸本とも同様である。つまり、この書状は『平家物語』本体とも食い違いがあるわけだ（万一、実際に源氏の兵を射たとしても、実在の熊谷直実は石橋山で頼朝勢と戦った前歴があるので、これが初めてということにはならないのだが）。では、これは一体何なのか。

独立説話としての熊谷・敦盛説話

この点で、興味深いのは水原一の想定である。水原一は、右に見たようにこの書状が物語との矛盾をはらんでいることを指摘し、「後人の知恵で書状が作られ加えられたものならば、このような物語と矛盾する書状にはならなかった」として、書状は巻物や篳篥と共に、「この説話の早い時期」に存在した「語りの場における物件証拠」であったと考えた。つまり、熊谷直実が敦盛を討ったという説話は、必ずしも『平家物語』によって語られただけではなく、『平家物語』諸本の成長と並行して、独立した説話としても語られたと考え、そうした独立した説話が、『平家物語』にも採り入れられたと考えるわけである。そして、この書状や遺品とされる巻物、あるいは篳篥や笛は、そうした語りの場において、物語の事実性を保証する小道具として用いられたと想像するわけである。

琵琶法師が『平家物語』を語るというような「語り」とは別に、たとえば巴御前が語る義仲の最期や、滝口入道が語る横笛との悲恋等々、『平家物語』を構成している多くの説話が、実はもともと個別の説話として独立して語られていたのではないか、あるいは、『平家物語』と並行して語られていたのではないか――という想定は、柳田國男によって提唱され、水原一によって継承されて、現在、広く受け入れられるところとなっている。柳田國男は、日本の各地に俊寛の墓があることに着目し、それは「有王」を自称する複数の語り手が、あちこちで鬼界島の俊寛の物語を語り、墓を作ったことによるのではないかと考えた。水原一は、その想定を継承し、熊谷直実が敦盛を討ったという説話も、「熊谷直実」を自称する複数の人々によってあちこちで語られ、その語りの一部は『平家物語』にも採り入れられたのではないかと考えたわけである。

そうした「語り」は、多くの場合、事件を物語というよりも現実の経験談であるかのように語るものであり、証拠となるような物を提示したことも多かったと想像される。勧進聖と呼ばれる、語りの上手な聖たちがしばしば提示したのは、おそらく、髑髏、しゃれこうべであっただろう。鬼界島で非業の最期を遂げた師僧俊寛の髑髏、悲恋の末に死んでしまった恋人横笛の髑髏等々を見せながら語る聖たちの姿は想像しやすいものだが、もちろん、髑髏だけが小道具だったわけではない。現在でも、たとえば神戸市須磨区の須磨寺（上野山福祥寺）では、「青葉の笛」など、敦盛関係の遺品と伝えられるものが展示されている。そうした物は、歴史上の実在人物・敦盛の所持物であったと考えることは難しいが、そうした語りの存在を伝える文化財なのではないだろうか。

ともあれ、延慶本など、いくつかの『平家物語』では、熊谷・敦盛説話の後半を、このように、熊谷直実と経盛が書状を交換した話にあてているわけである。史実ではなさそうだが、この話もまた、熊谷・敦盛説話の一つの変奏であった。そして、注意しておきたいのは、この話が、直実と経盛の、父としての心情を描いていることである。

父の心の通い合い

先に見たように、熊谷直実が敦盛を討てなくなった、あるいは討ったことを強く悲しんだ理由の一つは、敦盛の美しさや高貴さ、あるいは風雅さ、文化的な優位といった問題であった。そして、もう一つは、敦盛が自分の息子と同じ、十六歳であるという問題であった。延慶本の描く直実は、敦盛の美しさによって供養を思い立って素姓を尋ね、その結果、十六歳という年齢を聞いて、討つのをやめようと思ったのである。「私が自分の息子を思うように、この人の父親もこの人を思っているだろう」という考えが、刀を持った熊谷直実の手を止めてしまったというわけである。

経盛への手紙は、そうした心の動きの延長上にある。直実は、息子を愛する父として、敦盛の父に心の底から詫びたかったのであり、そして、経盛はその謝罪を受け入れたのである。父としての心の通い合いが、そこにはある。

延慶本は、このように、父としての思いを軸に、熊谷・敦盛説話を語る。そして、それを次のように結んでいる。

是よりしてぞ、熊谷は発心の心をばおこしける。法然上人に相ひ奉りて、出家して法名蓮性(ママ)とぞ申しける。高野の蓮花谷に住して、敦盛の後世をぞ訪《とぶら》ひける。有り難かりける善知識かなとぞ、人申しける。

(それから、熊谷は仏道をめざす心をおこした。法然上人のもとを訪ね、出家して法名を蓮性と名乗った。高野山の蓮華谷に住んで、敦盛の後世を弔ったのである。敦盛を討ったことが、熊谷を仏道に導いてくれる有り難いきっかけとなったのだと、人々は噂した)。

熊谷直実が発心して法然上人に会い、出家し、蓮生と名乗ったことは事実である。ただし、敦盛を討ったことがその原因だったのか、事実は明らかではない。この問題については、第三章で考えたい。また、出家した直実が高野山に入ったという記事については第四章1節で扱う。

5 直実の心と人々の心

敦盛説話の史実性

さて、右に、熊谷直実が経盛へ手紙を出した件は史実性が疑わしいと書いてきた。だが、それでは、この説話のそれ以外の部分は果たして史実なのだろうか。平敦盛は、同時代の貴族日記などには名が見えず、実在を疑う余地もないわけではないが、『尊卑分脈』などの系図類に経盛の子息として見えるし、『吾妻鏡』は寿永三年二月七日、十三日、十五日の各条で、一ノ谷合戦で討ち取った平家公達の列挙の中に敦盛を挙げている。敦盛が実在人物であり、一ノ谷合戦で討たれたことは、史実と認めてよいだろう。だとすれば、『平家物語』が語る「敦盛最期」も、史実と考えてもよいかもしれない。少なくとも、有力な反証はない。

だが、熊谷直実が敦盛を討ったことによって発心したという『平家物語』の記述は、第三章で見るように、十分に疑う余地がある。直実の出家理由は実際には何だったのかという問題については、第三章で考えてゆくこととするが、『平家物語』の描くような心の動きを、歴史上の実在人物たる熊谷直実が実際に経験し、それがそのまま語られていると考えるのは、あまりにも素朴に過ぎるといわねばなるまい。そもそも、過去の人物の実際の心の動きを再現できるわけはないので、それが事実であるとかないとかという議論にはあまり意味が無いといってもよい。

説話・物語と「事　実」

説話や物語は、必ずしも事実だけによって生まれてくるわけではない。むしろ、事実だけでは説話や物語にはならない。実在の事件に基づいて作られる場合でも、事実を解釈し、一つの視点から説明する筋立てがあって、はじめて説話や物語が成立するのである。そして、事実をどう解釈するか、その解釈のしかたは、その時代の文化によって規定される。それは、たとえば現代のニュース報道などについてもいえることであって、私たちは、「事実」を、自分たちの理解できる形でしか理解していない。あるいは、自分たちの解釈したい形で解釈しているのである。もとになった「事実」が、文化を共有する集団の理解できる枠組みに合わせて形を整えられることにより、私たちははじめて事件を「理解」するのだといってもよい。

熊谷・敦盛説話を理解するための問題は、「熊谷直実の心の動きはどこまでが事実どおりだったのか」というよりも、「熊谷直実の心の動きはどうしてこのように語られたのか」、あるいは「このような語り方が、どうして人々の心をとらえたのか」、という形で立てられるべきなのではないか。この説話が人々の間に広がり、時代を超えて生き残ってきた理由は、もとになった事実よりも、むしろ、説話を語り伝えた人々の心の中にあるかもしれないからである。

そのようなことを考えるためには、まず、武士というものの生き方を罪深いものと見る感覚が、どのような形で存在していたかを見ておく必要があろう。武士が戦場で人を殺すのはある意味では当たり前である。その中で、熊谷直実のように「弓矢とる身ほど口惜しかりけるものはなし」ととらえる心は、どの程度一般的たり得たのだろうか。

武士と殺生

そもそも、殺人を罪とする意識は人類に普遍的なものだろうが、殺生一般を罪悪とするという意識は、日本では仏教伝来によって生じた面が強いだろう。軍記物語の最初の作品とされる『将門記』は、十世紀前半の承平・天慶の乱を扱った作品で、成立は乱の終結直後とも、十一世紀ともいわれる作品である。『将門記』は将門に同情的な記述も少なくないのだが、末尾近くには、「一生の一業は猛濫を宗と為し、毎年毎月に合戦を事と為す」というように、一生を合戦に明け暮れた将門を批判する文があり、さらに物語の最後には、亡くなった将門が冥界から送ってきた消息を記す中で、「予、在世の時に一善を修めず。此の業報に依りて、悪趣に廻る。我を訴ふるの者は、只今万五千人」と、合戦で殺害した人々から恨まれて悪道に堕ちたと、将門に語らせている。

また、十世紀後半に活躍した源満仲（多田満仲）には、子息の中でただ一人出家した源賢という僧が、父の罪業を悲しんで源信僧都に相談し、父を出家させたという説話がある（『今昔物語集』巻十九第四話）。その孫の源頼義は、十一世紀中頃の前九年の役（十二年合戦）などで活躍した名将だが、晩年には罪障を深く悔いて出家し、「みのわ堂」と呼ばれる堂を建てるなどの作善を行い、ついに極楽往生を遂げたといわれる。『続本朝往生伝』第三十六話、片仮名三巻本『宝物集』下、『古事談』第三一九話、『発心集』巻三第三話などに見え、『平家物語』でも巻十「維盛入水」などで語られる有名な説話である。一方、その子息の源義家（八幡太郎）は、やはり合戦に明け暮れたが、ついに懺悔の心を起こさないまま亡くなり、地獄に堕ちたと語られる（『古事談』第三二四話、『発心集』巻三第三話）。

将門や義家の形象には、武士以外の人間が、武士を冷ややかに見つめながら語っている面もある。平安時代、武士はまだまだ暴力的で恐ろしい、何をしでかすかわからない存在として、社会の外側に位置づけられかねないような面があった。つまりは、現代人がヤクザを見るような目で見られていた面があるということである。義家は、その武勇を語る説話においては英雄とされる人物だが、右のような説話では大罪人と描かれる。義家の恐ろしさは、『梁塵秘抄《りようじんひしよう》』に収められた今様では、「鷲の棲《す》む深山《みやま》には概《なべ》ての鳥は棲むものか、同じき源氏と申せども、八幡太郎は恐ろしや」と歌われてもいる。武士を恐れるこのような感覚は、武士が社会の実権を握ってゆく中世には次第に薄れてゆくが、平安末期にはまだ十分に有力なものであった。

だが、武士を冷ややかに見つめる説話の一群がある一方、罪業深い者が罪を自覚して発心するさまを、本人の視点から語る説話もある。『今昔物語集』巻十九第十四話は、讃岐の源大夫《げんだいぶ》という、毎日狩猟に明け暮れ、しょっちゅう人を殺傷していた手のつけられない荒くれ者が、ある時偶然、念仏の教えを聞いたことにより改心したという説話である。源大夫は、「阿弥陀仏はこの俺をも憎まないのか」、「俺がその仏の名を呼んだら、答えてくれるのか」と問い、僧がそうだと答えると、大声で「阿弥陀仏よや、おいおい」(阿弥陀仏よ、おうい、おうい)と呼びながら、川があろうが山があろうが、阿弥陀仏がいるという西方に向かってまっすぐ進んでいった。そして、西の海がよく見える山上の木に登り、「阿弥陀仏よや、おいおい、いづこにおはします」と叫ぶと、海の中から美しい声が、「ここに有り」と響いた。源大夫はその場所で往生を遂げたという。この説話の場合、源大夫はもともと自分の罪深さを自覚していて、自分のような者でも阿弥陀仏は救ってくれると聞いたとたんに矢も楯もたまらず出家し、西へ向かって直進して行くのである。源大夫は武士ではないが、右の満仲や頼義をはじめとして、武士が罪業深い生活を悔い改めて発心を描く説話は『今昔物語集』などの説話集や物語絵巻の類にいくつも見られる(五味文彦)。

武士と罪の自覚

ただ、それらの説話や物語では、武士の罪業について抽象的に語るのみである。戦場で実際に人を殺す瞬間の罪の意識などを語ることはない。たとえば、頼義のように自身の罪深さを意識することはあっても、戦場における一人一人の殺害場面が具体的に想起されるわけではなく、多数の敵の殺害が、後日まとめて意識されるのである。武士が敵を殺害するその現場で、今まさに自分がしようとしていることの罪深さを自覚する瞬間が語られたことなどはなかった。それを踏み越えて、戦場における心の動きを描いたのが『平家物語』の熊谷・敦盛説話であり、罪を自覚する過程を、敦盛の顔を見た一瞬にまで凝縮して描いたのが覚一本なのである。

こうしたことは、既に梶原正昭が、熊谷・敦盛説話について、「戦場の狂熱が去ってのちではなく、その狂躁のまっただ中で正気に立ちもどり、人間性をとりもどすというところに、この物語の眼目があり、感動がある」と指摘しているとおりであろう。

鳥を殺した男

では、そのような『平家物語』の記述は、どのようにして可能になったのか。それを考える上で、筆者が注意しておきたいのは、武士の説話ではないが、『今昔物語集』巻十九第六話、鴨の雄鳥を殺して出家した男の話である。

京都に貧しい若い侍がいた。その妻が出産し、滋養のために肉を食べたいと願った。しかし、貧しい男は肉を買えないので、自分で鳥を捕らえようと、深泥池に行った。隠れていると、ちょうど鴨のつがいが寄ってきた。矢を放つと、雄鳥の方に当たった。男は喜んで鴨を持って日暮れに帰り、朝になったら料理して妻に食わせようと、鴨を棹にかけて寝た。ところが、夜半、棹にかけた鴨がばたばたと騒ぐ音がする。生き返ったのかと思って寄ってみると、そうではなく、妻の雌鳥が雄鳥の傍らでばたばたとはためいているのだった。雌鳥は、雄鳥が殺されたのを見て悲しみ、恋しがって跡を付けてきて、その遺骸の前で泣き騒いでいたわけである。これを見た男は、たちまち発心し、出家した。

男は妻を愛していたが、鴨の夫婦も、自分たちと同じように愛し合っていた。愛する妻に鳥肉を食べさせてやりたい一心で男がやったことは、鴨の夫を殺し、その妻を泣き悲しませる行為だったというのである。

この話は、熊谷・敦盛説話とよく似た構造を持っているといえないだろうか。熊谷直実は息子を愛し、ある意味では息子のために戦っていた。延慶本に、「かく命をすて軍《いくさ》をするも、直家が末の代の事を思ふが故也」とあった通りである。ところが、直実が息子のために戦う行為は、自分と同じように息子を愛する、よその父親（経盛）を悲しませる行為だった。獲物としてしか見ていなかった対象が、自分と同じように家族を愛し、家族に愛されている存在であるとわかった瞬間、自分がそれまでやってきたことがどんなにひどい行為だったかがわかる。その瞬間、それまでの人生観は崩壊し、心に大転換が起きて、人は発心するのだというのである。

右の説話は、『今昔物語集』から引いたが、日本ではその後、『古今著聞集』巻二十（七一三話）、『沙石集』（梵舜本巻七、米沢本巻九）、『法華経直談鈔』巻十末・二十一、金沢文庫本『千字文説草』三三〇函六〇（金沢文庫『特別展　仏教説話の世界』に翻刻）などにも類話が見える他、近世には『本朝故事因縁集』一一七や『一休諸国物語』巻三・十五などの他、各地の文献に見られ、さらに、昔話「阿曽沼の鴛鴦」としても知られる。古くは中国の『捜神記』巻十四に見える鶴の夫婦の話の類話であるともいわれ、裾野の非常に広い話である。とりわけ『今昔物語集』の説話は描写が精細で、人間が生きてゆくということの根源的な利己性、罪深さを突いている。戦場で人を殺す武士の行為を罪深いものとする認識が一方で熟していた上に、こうした説話が語られていたと見られる平安末期には、既に熊谷・敦盛説話が語られる基盤ができあがっていたといえるのではないか。

こうした話が既に発心説話として広まっていたとすれば、この鳥を敦盛に置き換えれば、熊谷・敦盛説話はできてしまうという言い方もできるかもしれない。これは、熊谷・敦盛説話の史実性を疑うために論じているのではない。この説話が、なぜ人々の心を打って語り伝えられたのか、その基盤を考えているのである。

実在の熊谷直実が、戦場の経験をどのように発心に結びつけたかを論証することは困難だが、筆者は後述のように、戦場の経験は直実の発心に関わると思っている。しかし、もし仮に熊谷直実の現実の発心が戦場経験とは無関係であったとしても、それでも多くの人々によってこの話は語られ得たとさえ、いえそうに思われる。少なくとも、その基盤は既に熟していたのである。

第三章　出家と往生

1　熊谷直実の発心と出家

前章では、『平家物語』の熊谷・敦盛説話を生んだ人々の心に迫るために、熊谷直実の実伝からいささか離れてしまった。本章では再び実在した熊谷直実その人に即して、出家から往生への足取りを追ってみたい。ただし、そのためにはまず『平家物語』の記事を整理するところから始めねばならない。

熊谷直実の発心

熊谷直実は、いつ発心し、出家したのだろうか。一般に知られているイメージは、直実は敦盛を討ったことによって、武士の非人間性に目覚め、出家したといったものだろう。それは、史実かどうかはともかく、『平家物語』の理解としては大まかには正しいといってよさそうだが、『平家物語』諸本を細かく見てゆくと、実はそう単純ではない。

『平家物語』諸本の記述を整理してみよう。第二章3節で扱った覚一本では、末尾に「それよりしてこそ熊谷が発心の思ひは進みけれ」とある。「進みけれ」ということは、敦盛を心ならずも殺して泣いた時が初の発心というわけではなく、それ以前にも「発心の思ひ」があったということになるだろう。しかし、その点に関する記述はない。覚一本を読んでいて、釈然としないところである。語り本系の百二十句本・鎌倉本・竹柏園本・平松家本・両足院本なども、同様に発心が「進んだ」とする。

一方、延慶本では、熊谷・敦盛説話の末尾（経盛との書状交換の後）に、「是よりしてぞ、熊谷は発心の心をばおこしける」とあるのだが、これはこれで問題がある。「おこしける」とあるからには、熊谷直実はここで初めて発心したのだということになりそうなものだが、第一章末尾で見たように、延慶本では、義仲勢と戦った宇治川合戦の際、宇治橋の橋桁を渡った体験があまりに恐ろしかったことから阿弥陀仏を念じ、「熊谷が初発心の道心は、此の橋桁よりぞ発《おこ》り始めたりける」とされていた。その時、既に道心が起こっていたのであれば、敦盛を討った時に初めて「発心の心をばおこし」たのではないはずである。覚一本では文脈上は初めてのはずなのに「進みけれ」とあり、延慶本では逆に初めてではないはずなのに「おこしける」とある、正反対の矛盾が見られるわけである。

もちろん、矛盾の無い諸本もある。橋桁渡りを記さない諸本が、敦盛を討った後で、長門本「発心の心はつきにけれ」、南都本「発心の便と成にける」、国民文庫本「熊谷が発心は、此の人ゆゑとぞ承る」などと記すのは、特に問題がない。また、橋桁渡りを記す源平盛衰記が、敦盛を討った後で「熊谷は弥《いよいよ》発心の思ひ出来つつ、後は軍《いくさ》はせざりけり」とするのは、橋桁渡りの時に最初の発心を起こし、敦盛を討つことによってその思いが「いよいよ」進んだと読めるので、筋が通っている。

しかし、それらのように矛盾の無い形が本来だったとすれば、覚一本や延慶本などに見るような問題がなぜ生じたのか、かえってわかりにくい。おそらく、水原一『平家物語の形成』が想定するように、「熊谷の発心には複数の由来談があった」と考えるのが妥当だろう。宇治橋の橋桁渡りの時に発心したという話、敦盛を討って発心した話などが入り乱れて伝えられた結果、『平家物語』諸本の錯綜した形が生まれたのだと思われる。だが、『平家物語』諸本の錯綜した形を解きほぐし、さかのぼったとしても、そこから事実が見えてくるかどうかは怪しい。

『吾妻鏡』の伝える熊谷直実出家

では、実際はどうなのだろうか。次に見るべきは鎌倉幕府の公式の史書『吾妻鏡』である。『吾妻鏡』建久三年（一一九二）十一月二十五日条、同十二月十一日条によれば、熊谷直実は一ノ谷合戦の前後に発心し、間もなく出家したわけではなく、寿永三年（一一八四）の一ノ谷合戦からは八年余りも経った後、所領をめぐる争いから出家したという。少し長いが、従来、熊谷直実伝の最も重要な記事とされてきたものなので、なるべく詳しく紹介しておきたい。まず、第一章でも紹介した十一月二十五日条から読んでみよう。

> 早旦に、熊谷次郎直実と、久下権守直光と、御前に於て、一決を遂ぐ。是れ武蔵国、熊谷・久下の境の相論の事なり。直実、武勇に於いては一人当千の名を施すと雖も、対決に至つては、再往知十の才に足らず。頗《すこぶ》る御不審を貽《のこ》すに依りて、将軍家、度々尋ね問はしめ給ふ事有り。

早朝、熊谷直実と久下直光が、頼朝の御前で対決した（久下直光は、第一章で見たように熊谷直実の親族で、直実の保護者的な立場にあったと見られる武士である）。これは、武蔵の国の熊谷・久下の領地の境界争いの議論であった。直実は、武勇においては一人で千人に匹敵するといわれるほどの者だが、弁論の対決では、一を聞いて十を知るというような才能はなかった。直実の弁論は不審の多いものだったので、頼朝は何度も直実に問いただしたという。

すると、繰り返される尋問にいら立った直実は、こう言った。

此の事梶原平三景時、直光を引級するの間、兼日に道理の由を申し入るるか。仍つて今直実、頻に下問に預かる者なり。御成敗の処、直光定めて眉を開くべし、其の上は、理運の文書、要無し、左右に能はず。

「これは梶原景時が久下直光をひいきしているから、あらかじめ直光が正しいと申し入れているんだろう。それで頼朝殿からこんなに問いただされるんだ。どうせ直光に有利な判決が出るに決まっている。それなら、こんな証拠書類なんか持っていてもしかたない」。直実はそんな捨て台詞を吐くが早いか、まだ裁判は終わっていないのに、書類を巻いて庭に投げ入れ、席を蹴って出て行ってしまった。頼朝の前で「こんなもん、やってられるか」と書類を投げ捨てるという、まことにもって乱暴な行動に出たというのである。

それでもまだ腹立ちが治まらないのか、直実は西の侍所で「自ら刀を取りて髻《もとどり》を除《はら》」った。自分で髪を切って、出家姿になってしまったのである。そして、「殿の侍に登り果て」という言葉を残して、自宅にも帰らず、そのまま逐電してしまった（「殿の侍に登り果て」は意味が取りにくいが、「頼朝殿の侍に取り立てられて出世を遂げたが、そんな人生もこれまでだ」といった意だろうか）。「或る説」として記されるところでは、直実は西へ向かって行ったので、頼朝は相模や伊豆・箱根・走湯山《そうとうざん》などに雑色（下男）を派遣して、直実の出家遁世をとめようとしたという。

逐電をなだめられる

それから十日余りを経た十二月十一日条によれば、走湯山（熱海の伊豆山権現）の住侶であった専光房（良暹《りょうせん》）が頼朝に使者を遣わして、熊谷直実の行方を伝えてきた。専光房からの書状の内容は次の通りである。

直実が事、御旨を承はるに就いて、則ち海道に走り向かふ処に、上洛を企つるの間、忽然として行き逢ひ畢はんぬ。既に法体たるなり。而るに其の性殊に異様にして、只仰せの趣と称し、抑留せしむるの条、曽《かつ》て承引すべからず。仍《よ》りて先づ出家の功徳を讃嘆し、次に相ひ構ふるに草庵に誘き来たり、同法等を聚《あつ》め、浄土宗の法門を談じ、漸く彼の欝憤を和順せしむるの後、一通の書札を造り、遁世逐電の事を諫諍す。茲《ここ》に因《より》て、上洛に於ては、猶予の気出来たるか、てへれば其の状の案文、送り進ず。

「熊谷直実について、頼朝殿のご命令に従い、東海道に走り向かったところ、上洛しようとしていた直実に出会いました。既に出家姿でした。しかし、彼は非常に変わった性格の男ですから、ご命令だからと言っても止められるものではありません。そこで、まず『御出家はすばらしいことです』と、その功徳を讃嘆してご機嫌を取り、私の草庵に連れてきて同僚の僧たちを集め、皆で浄土宗の法門を談義して、やっと彼の鬱憤をなだめ、落ち着かせた後で、一通の書状を作り、遁世逐電のことをお諫めしました。それによって、すぐに上洛するのは思いとどまろうかという気持ちになったようです」というわけで、直実を諫めた書状も添えられていた。

専光房が直実を諫めた書状は、「御出家はとても立派なことですが、直ちに遁世してしまうのは、主君の命令に背くもので、仁義の礼に違い、これまでの志も失ってしまうことになるでしょう。出家なさるにしても、一旦もとのお住まいに戻られてはどうですか」といった趣旨を述べて、直ちに本領を捨てて上洛しようとする直実を思いとどまらせたのだという。出家して身分を僧に改めたとしても、そのまま熊谷の本領で生活することはできる。現在の生活を根こそぎ捨てて遁世し、あてどもなく旅立ってしまうことはないではないか、と説得したわけである。頼朝はこの専光房の振る舞いを称賛し、この手紙を後世の模範として伝えるように命じたという。

ともあれ、『吾妻鏡』によれば、直実は一ノ谷合戦の後も八年余り鎌倉幕府の御家人を続けていたが、久下直光との所領争いの裁判に敗れて出家したのだということになろう。敦盛を討った悔恨から出家したという説に比べて、こちらの方が現実味がある。『平家物語』によって知られた俗説よりも、

『吾妻鏡』はやはり事実を伝えている、そもそも武士が敵を討ったからといって出家するだろうか、それよりは所領争いに敗れて出家するという方が、武士らしいのではないか――と考えるのはもっともであり、比較的最近まで、この『吾妻鏡』の所伝を事実と信ずる人が多かったのもうなずけることである。最も権威ある史料集である東京帝国大学史料編纂所の『大日本史料』（第四編之四。一九〇五年刊）が『吾妻鏡』を尊重する立場をとったことも、そうした見方を補強したはずである。

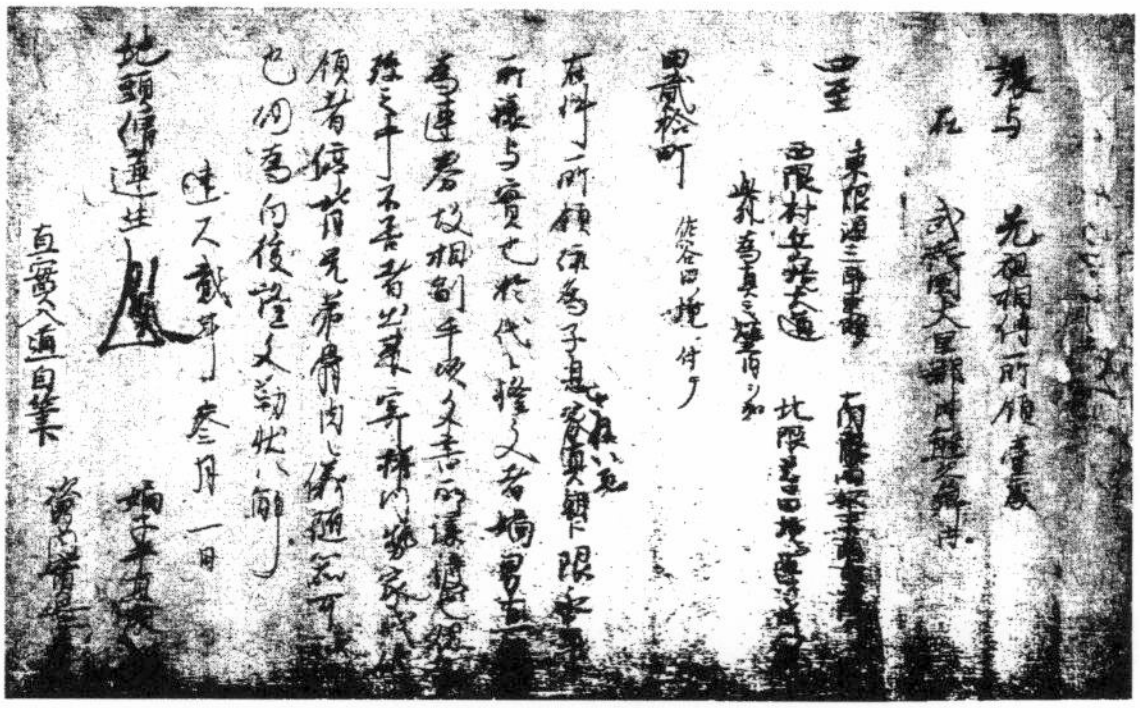

熊谷蓮生直実譲状
（熊谷家文書）

「地頭僧蓮生」の譲状

しかし、この『吾妻鏡』の記事を直ちに信用できるわけではないことも、早くから知られてきた。赤松俊秀が指摘した、「熊谷蓮生直実譲状」の問題である。これは、熊谷家文書に伝えられるもので、『大日本古文書』や『鎌倉遺文』（五一四号）などで読める他、『埼玉県史料集』『熊谷市史・資料編』には写真も掲載されている。熊谷直実が、子息の一人四郎真家に所領の一部を譲ることを記した文書で、建久二年（一一九一）三月一日の日付の後に「地頭僧蓮生」の署名がある。「蓮生」は熊谷直実の法名である（次節参照）。即ち、これによれば、訴訟で久下直光と対決した建久三年十一月よりも一年半以上前に、熊谷直実は「地頭僧蓮生」を名乗っているのである。だとすれば、訴訟の時期には既に出家していたことになる。赤松は、これによって、『吾妻鏡』の直実出家記事は事実と相違すると指摘したのである。

この文書は赤松論文以前から知られていたものだが、『吾妻鏡』の記事を事実と信ずる立場から見れば、まだ出家していないはずの熊谷直実が「地頭僧蓮生」を名乗っているのだから、これはおかしい、偽文書ではないかという疑問も強かった。東京帝国大学史料編纂所の『大日本古文書』（家わけ第十四。一九三七年刊）が、この文書について「コノ文書、原本ヲ検スルニ、当時ノモノニアラズ。但、鎌倉時代ヲ降ラザル時ノモノナルベシ」と判断したことの影響も強かっただろう。

『吾妻鏡』と「譲状」

しかし、赤松俊秀が、この「譲状」の花押は清涼寺蔵・熊谷直実自筆『夢記』（元久三年十月二日。『鎌倉遺文』一六一五号）の花押と一致するので、信頼に足る史料であると指摘したことにより、偽文書説は基本的に否定された。だが、『吾妻鏡』の史実性を直ちに否定することには抵抗もあり、『大日本史料』や『大日本古文書』の権威もあって、赤松説が直ちに通説化したとはいえないようである。

一般的には従来の『吾妻鏡』重視説がそのまま継承されたことも多く、また、この文書と『吾妻鏡』の双方を史実として両立させようとする論も続いた。桜井好朗は、「地頭僧蓮生」を名乗った段階では直実は「出家」しただけだったが、訴訟の敗北により「遁世」しようとしたのだと、「出家」

と「遁世」を分けて考えれば、『吾妻鏡』と「譲状」は必ずしも矛盾しないと指摘した。樋口州男もこれに賛同する。右に見たように、『吾妻鏡』に登場する専光房も「出家」と「遁世」を分けて直実を諌めており、これは説得力のある意見である。また、当時の武士の出家はさほど厳密なものではなく、出家しても俗人と同じように生活するのが一般的だったから、『吾妻鏡』の記事を事実に反すると決めつけるのは危険だという中村生雄の指摘もある。これももっともである。「地頭僧」という署名自体、地頭でもあり僧でもあったと見ることができよう。

だが、『吾妻鏡』は、直実が訴訟の後、腹立ちまぎれに「自ら刀を取りて髻《もとどり》を除《はら》」ったと書いている。仮に直実が前年に出家はしたものの遁世まではせず、在俗時代と同じような生活をしていたのだとしても、出家したからには髻は切っていたはずであり、前年に「地頭僧蓮生」になっていたと認める限り、少なくともこの点については『吾妻鏡』に虚構があるということになろう（この点は、桜井好朗も認めていたとおりである）。

『吾妻鏡』への懐疑

この問題の研究は、最近では、『吾妻鏡』の記述を疑う方向に向かっている。

まず、林譲は、赤松俊秀の論証を大幅に補強して「熊谷蓮生直実譲状」の史料性を再確認すると同時に、『吾妻鏡』の伝える熊谷直実伝について疑問を提起した。林は、「譲状」の史料性を東大史料編纂所がどう見てきたかを丁寧に検証した上で、山城清凉寺文書の『誓願状』『夢記』が直実自筆であることを改めて確証すると共に、それらの筆跡との対照によって、「譲状」に加筆された「さねいゑ」の文字が直実自筆であることを確認した（「譲状」は右筆に書かせたものであるよ

譲状の部分拡大

うだが、右筆は子息の名「真家」を誤って「家真」と書いてしまったので、直実は「家真」を「真家」と訂する符号を書き入れた上、「さねいゑ」と傍記したと見られる。なお、真家は「実家」と表記されることもある）。

　なお、ここでお断りしておくが、清涼寺文書の熊谷直実（蓮生）自筆書状には、元久元年（一二〇四）五月十三日、鳥羽での発願を記す長文の書状（『鎌倉遺文』一四五〇号）と、元久二年十月二日、「鎌倉につく日の夜」のものとされ、最後に花押のある短文の書状（『鎌倉遺文』一六一五号）とがある。両者は『法然伝』（『四十八巻伝』）の中で「蓮生自筆の夢の記」として一部が引用されており、現代の書物でも両者をまとめて「夢記」と呼ぶものもあるが、両者をまとめて「誓願状」と呼んだり、前者を「置文」と呼ぶなど、扱いがまちまちで、わかりにくい。本書では、以下、前者を清涼寺蔵『誓願状』、後者を同『夢記』と呼んでおく。原文は読みにくいので、引用する場合は、『日本名跡叢刊』（二玄社）掲載の釈文や高橋修編『シリーズ中世関東武士の研究・二八　熊谷直実』（戎光祥出版）掲載の翻刻を参考としつつ、私意に改めたものを掲げる。

　また、林譲は『吾妻鏡』承元二年（一二〇八）九月三日・十月二十一日条に見える直実の往生に関する記事についても疑問を提起し、むしろ『法然伝』の方が信頼できるのではないかと指摘して、

『吾妻鏡』の熊谷直実伝は必ずしも信頼できないとしたのである（直実の往生と『法然伝』の問題については、この後、本章第5節で述べる）。

『吾妻鏡』に、いわゆる「切張の誤」があることは、早くから知られてきた。『吾妻鏡』は多種多様な原史料を集め、それらを年月日の骨格の中に配列して作り上げた編纂史書である。いわば、糊とハサミの作業で作られたものなので、時には記事を挿入すべき位置を誤り、一年後や、あるいは何ヶ月もずれた位置などに記事を記してしまっていることがある。それは、早く八代国治が、『吾妻鏡の研究』（一九四一年）の中で、「吾妻鏡の誤謬」として指摘していることである。林譲は、こうした研究史をふまえて、『吾妻鏡』の記す直実の往生には「時期を一年間違えた、いわゆる切り張りの間違いがあったのではなかろうか」と考え、直実出家の記事についても疑ってかかる必要があるとしたのである。

『吾妻鏡』の虚構

林譲の考証はきわめて周到なもので、多くの賛同を得て通説化したが、その後、さらに進んで、『吾妻鏡』には意図的な虚構が施されているのではないかとする、森内優子の新説が現れた。熊谷直実の出家に関しては『吾妻鏡』よりも「熊谷蓮生直実譲状」の方が信頼できるという赤松俊秀や林譲の論点を継承しつつ、『吾妻鏡』が直実出家の時期を誤っているのは「切張の誤」ではなく、意図的な情報操作の結果ではないかとする説である。

森内は、『吾妻鏡』の記す熊谷直実の出家時期が事実と異なる理由を、問注所の移転問題に関わると見る。問注所とは鎌倉幕府の裁判所だが、当初は頼朝の御所内に置かれていた。それが将軍御所から独立して新築されたことを記す、『吾妻鏡』正治元年（一一九九）四月一日条には、次のように記されている。

問注所を郭外に建てらる。大夫属入道善信を以て執事として、今日始めて其の沙汰有り。是、故将軍の御時、営中に一所を点じ、訴論人を召し決せらるるの間、諸人群集して鼓騒を成し無礼を現はすの条、頗る狼藉の基たり。他所に於て此の儀を行はるべきかの由、内々評議有るの処に、熊谷と久下と境の相論の事に対決せる日、直実、西侍に於て鬢髪を除ふの後、永く御所中の儀を停止せられ、善信の家を以て其の所として、今又、別郭を新造せらると云々。

頼朝はこの二ヶ月半ほど前に亡くなったようなのだが、頼朝の生前、その御所で裁判をやっていた時期があった。しかし、それでは大勢の人が集まって騒がしく、無礼なことも起こるので、裁判は別の場所でやるべきではないかと内々に相談していたところ、熊谷直実と久下直光が領地の境をめぐって対決した裁判で、直実が御所の西侍で鬢髪を切るという事件が起きた。それからは御所ではなく問注所の責任者である三善康信（法名善信）の家で裁判をやるようにしていたが、今回、別棟を新築して裁判所としたのであるという。

つまり、なぜ頼朝の御所で裁判をしなくなったか、建久三年十一月二十五日条に記された熊谷直実の出家・逐電事件が、その説明として使われているわけである。しかし、この説明にはおかしな点がある。建久三年（一一九二）十一月の直実の事件が原因で御所が使えなくなったのなら、なぜ、正治元年（一一九九）四月に問注所が新築されるまでに六年半もの時間がかかっているのか。また、直実の事件がそれほど重大な結果を招いたのなら、まずは直実が処罰されるはずだが、そうした罰が与えられた形跡はないのである。

実は、問注所が御所から独立することには別の理由があった。この問注所新築記事の直前、正治元年一月に頼朝が亡くなっているのである。おそらく、御所の中で行われる裁判では頼朝の権威が絶対的だったが、幕府の有力者たちはそれを好ましく思っていなかった。頼朝の死によって、裁判は将軍の専決から幕府の有力者の合議によるものに変わり、それに伴って問注所も将軍御所から独立したのである。しかし、頼朝が死んでくれたおかげで問注所の独立が実現したと書くわけにはいかない。そこで『吾妻鏡』は、問注所独立の理由として熊谷直実の事件を使った。

では、直実の出家逐電事件が建久三年十一月に設定されたのはなぜか。森内は、そこにもう一つの問題を考えている。建久二年三月四日には鎌倉の中心部で大火があった。幕府も焼けて、多くの建物がその後再建された。もし問注所の独立がその前から計画されていたのであれば、大火後に再建する際には独立した建物が新築されたはずだが、この大火の後も、裁判は引き続き御所の中でなされていた。そこで、問注所独立の理由とされる直実の事件は、この大火の後に設定されねばならなかったというわけである。

簡単にいえば、直実の出家逐電事件は、「熊谷直実のような困った奴がいるので、問注所を御所内には置けなくなったのだ」と、問注所独立の理由付けとして、いわばダシにされたのだ――というのが、森内優子の新説の要点である。高橋修もこれを支持しており、既に有力な説となっているといえよう。

『吾妻鏡』は信じられるか

森内優子の新説は、『吾妻鏡』の虚構について、ただ出家の時期のみを問題にしたというわけではなく、熊谷直実の人物像に関わる問題においても虚構の可能性を考えている点、根底的な問題提起を含んでいる。森内によれば、熊谷氏と久下氏の所領争いはずっと続いていることなので、建久三年の裁判のみがことさらに重大な意味を持っているとは考えにくい。それなのに、この裁判のみをクローズアップし、しかも直実が頼朝の前で巻物を投げ捨て、御所内で髻を切ったなどという処分対象になりかねない行動をとったというのはあまりに破天荒で、事実性が疑わしい。『吾妻鏡』のこの裁判記事を根拠として直実の性格を「短気」「直情径行」としてきた見方は再考すべきであるという。

この森内の指摘には傾聴すべきものがある。確かに『吾妻鏡』の描く直実の出家逐電事件は面白すぎる。直実の個性を強烈に描き出しているという点では『平家物語』以上のものがあり、これも一つの物語なのだという目で見る必要があるだろう。しかし、編纂史書である『吾妻鏡』は、編者が空想に任せてつむぎ出した物語ではなく、多くの場合、何らかの原材料があっただろう。また、幕府の公式史書である『吾妻鏡』は、誰がどう見ても事実無根というような内容は書きにくいのではないか。森内も「全てが創作ではないであろう」としているように、物語的な出家逐電記事も、根も葉もない創作とはいえないように思われる。

たとえば、この後に見てゆくように、『法然伝』も直実が頼朝を恨んで出家したと記しており、『吾妻鏡』の直実出家記事と符節が合う。その背景には、何らかの事実があると見るべきだろう。歴史に関わる物語の研究では常に取られる手法だが、記事がそのまま事実といえるわけではないという前提に立った上で、その背景あるいは基盤にどのような事実があったのかを考える、という方向で考察する必要があるだろう。

また、『吾妻鏡』が問注所独立の経緯を粉飾するために直実を利用したのだとしても、その作為を成り立たせるためには、人々にある程度信じてもらえるような嘘を書かねばならないのではないか。つまり直実は、「熊谷直実なら、あるいはそんなこともしたかもしれない」と、人々に思われるような人物であったと見るべきではないだろうか。出家前後の直実の行動を見てゆくと、彼はどう見ても温和な常識人などといったタイプには見えない。『吾妻鏡』によって判断することには慎重になるべきだが、従来の直実の人物像が『吾妻鏡』だけから生まれたわけではない。たとえば「直情径行」は、やはり直実の人物評として一面の真実を突いているように思われる。

ともあれ、『平家物語』も『吾妻鏡』も、あるいは次節以下で見る法然伝も、いずれも事実をそのまま伝えているわけではないが、その背後には多かれ少なかれ何らかの事実があるはずだ――という観点に立って、次に直実はなぜ出家したのか、その動機について考えてみたい。

2　直実はなぜ出家したのか

熊谷直実がなぜ出家したのかを考えるためには、まず出家の時期を究明することが必要だろう。だが、その時期は未だ確定できたわけではない。

直実出家の時期

直実は、実際には前述の「熊谷蓮生直実譲状」の記す建久二年（一一九一）三月一日以前に出家していただろうというのが、赤松俊秀・林譲・森内優子の共通見解であり、高橋修もこれに賛同している。現在ではこれが有力な説になったといってよいだろう。では、だとすれば出家はいつ頃のことと考えられるのか。

直実の「譲状」以前の経歴を、ここで確認しておこう（事件の番号は便宜的なものである。年齢は第一章に示した生年の推定に基づく）。

①金砂城合戦	治承四年（一一八〇）	『吾妻鏡』同年十一月七日条	43歳
②戦功による旧領回復	寿永元年（一一八二）	『吾妻鏡』同年六月五日条	45歳
③義仲追討・一ノ谷合戦	寿永三年（一一八四）	『平家物語』	47歳
④的立役拒否事件	文治三年（一一八七）	『吾妻鏡』同年八月四日条	50歳
⑤（奥州合戦＝子息直家）	文治五年（一一八九）	『吾妻鏡』同年七月十九日条	52歳
⑥子息真家に所領を譲る	建久二年（一一九一）	同年三月一日付文書（譲状）	54歳

④「的立役拒否事件」は、第一章2節で見た、鶴岡放生会の流鏑馬で徒歩の的立役を拒否した事件である。その事件まで、直実は確かに現役の御家人だったはずだが、それ以降、熊谷直実の名は『吾妻鏡』から姿を消す。⑤「（奥州合戦＝子息直家）」は、奥州合戦に参戦した御家人の名が列挙されている中に直実の名がなく、子息直家の名のみ記されているという意味である（第一章2節で見た、小山政光が直家を嘲笑した話も奥州合戦の時のことである）。功名に飢えていたはずの直実が、手柄を重ねる好機であったはずの奥州合戦には従軍せず、その機会を子息直家に譲ったわけである。

この頃、直実は成長した直家に家督を譲る過程にあったのかもしれない。『吾妻鏡』では大きな行事の際に随兵として多くの御家人の名が列挙されることがしばしばあるが、的立役拒否事件以前、文治元年（一一八五）十月二十四日条の勝長寿院落慶供養では、直家の名はあっても既に直実の名はない。事件以後の同四年三月十五日条の鶴岡大般若供養、同五年六月九日条の鶴岡塔供養、建久元年十一月七日条の頼朝上洛などの記事も同様である。

『吾妻鏡』で、この次に直実の名が見えるのは、例の建久三年（一一九二）十一月、虚構が疑われる出家逐電事件の記事ということになる。『吾妻鏡』による限り、文治年間から建久二年まで、的立役拒否事件以外には、直実は公式の場にほとんど姿を見せていないわけである。

引退と出家

ここから浮かび上がるのは、一ノ谷合戦以降のどこかの時点で、熊谷直実は家督を子息の直家に譲って引退したのではないかという推定である。もっとも、合戦や公式行事の現場に出ないことが直ちに引退ではないし、引退したとしてもそれが直ちに出家を意味するわけでもないだろう。引退から出家のコースをどのように考えたらよいか。

森内優子は、この頃直実は「実質的に隠居」していたが、建久二年（一一九一）一月十五日に幕府が所領安堵のやり方を、頼朝個人の花押を据えた文書から、幕府の政所の下文に切り替えたことにより、息子たち名義で所領を安堵するために出家して当主を退いたのではないかと推定する。こう考えれば、出家時期は建久二年正月中旬から譲状の三月一日までのごく短い時期にしぼられる。

だが、『吾妻鏡』の虚構を想定する森内説に基本的に賛同した高橋修は、この点では森内と意見を異にする。出家は、文治三年（一一八七）の的立役拒否事件と同五年の奥州合戦の間と見るのが自然だというのである。的立役拒否事件を記す『吾妻鏡』文治三年八月四日条は、直実が的立役を拒否した咎によって所領を一部没収されたと伝える（没収された熊谷郷は鶴岡八幡宮に寄せられたことが、建保七年〈一二一九〉二月二日条に見える）。この処罰により、熊谷郷の領有秩序に変更があり、久下郷との境界についても再確認が必要となって、御前での対決となった。そこで、「頼朝への不信感、処罰への反発が心の中でくすぶっている中で、審理への不満が爆発し、出家・出奔となった」というのが高橋修の想定である。このように考えれば、『吾妻鏡』の伝える建久三年（一一九二）の訴訟と直実出家逐電事件は、実際には文治五年（一一八九）の奥州合戦以前のことだったのに、『吾妻鏡』はそれを繰り下げて記したのだということになろうか。

文治三年の的立役拒否事件の後、数年の間に直実が出家したとする流れは自然なものに見える。だとすれば、『吾妻鏡』の訴訟による出家逐電記事は、本来もっと早い時期のことだったのに、編集を

（故意にか過失でか）誤って、この時期に置いてしまったと考えることができる。ただ、訴訟自体は実際に建久三年に行われたが、直実は既に僧体でその場に出ていたのに、『吾妻鏡』の記述は脚色が過ぎて、その場で髻を切ったとまで書いてしまったために事実と齟齬が生まれたと考える可能性も、完全に否定することはできまい。そのいずれをとるか、筆者は決断できない。

出家の動機

時期を厳密には特定できないとしても、直実の出家の動機をさまざまに想定することは不可能ではない。たとえば、最も穏やかで平凡なあり方を想像するならば、直実は単純に老いたので息子たちに所領を譲って引退し、それに伴って出家したのだというように考えることもできようか。所領を譲った頃、直実はおそらく五十歳を過ぎていた。当時としては老境である。功成り名遂げて年老いた武士が穏やかな出家を遂げ、悠々自適ともいうべき余生を送ったとしても、一般論としては何ら不自然ではない。しかし、もし仮に出家した当時の蓮生の生活がそのように見えるものだったとしても、彼のその後の生活は、そうした穏やかな隠居生活とはほど遠いものである。

直実は出家後しばらくは東国にいたようだが、その後、法然のもとに馳せ参じ、熱烈な信仰生活を送ったことが史実として確認できる。家のことを息子たちに任せて引退し、故郷で余生を過ごすというような安楽な隠居ではなく、出家後も波乱に富んだ人生を送ったようなのである。単に老い衰えたため隠居したというような穏やかな想像は、直実にはふさわしくないように思われる。

そのように考える理由は、『法然伝』（法然上人伝）や、その後に蓮生が残した文書などから窺われる、出家後の蓮生の信仰生活にある。まずは、『法然伝』を見てゆこう。出家の動機について、『四十八巻伝』（法然上人行状絵図）では、「幕下将軍をうらみ申事ありて、心をおこし出家して」、『九巻伝』（法然上人伝記）では、「右大将家を恨み申す事ありて出家して」とする。いずれも頼朝に対する恨みが出家の動機だったというわけである。直実が頼朝を恨む原因として考えられるのは、的立役拒否事件と所領をめぐる訴訟の件である。『吾妻鏡』の伝える訴訟の件も、やはりなにがしかの事実を伝えていると見るべきだろう。

また、出家した後、『九巻伝』によれば、上洛して澄憲法印を訪ねた直実は、対面を待っている間に刀を研いでいた。なぜそんなことをするのかと聞かれると、「もしも、往生のためには腹を切り、命を捨てることが必要だと言われたら、すぐに腹を切るためだ」と答えたという（澄憲法印との関係などについては次節で詳しく述べる）。

その後、法然を訪ねて「ただ念仏を唱えるだけで往生できる」という教えを聞くと、直実はさめざめと泣き崩れた。なぜ泣くのかと問われると、「『手足を切ったり、命を捨てたりしなければ往生などできない』と言われるかと思っていたのに、念仏を唱えるだけで良いと聞いて、あまりに嬉しくて泣いてしまいました」と答えた。このことは『四十八巻伝』『九巻伝』ともに伝えている。

これらの描く直実の出家は、単なる引退によるものではなく、頼朝や幕府に対する怒りをきっかけとしたものであり、その後の人生は安楽な隠居ではなく、きわめて深い罪業意識を根底に置いた、熱烈な信仰生活だったと解される。もちろん、『法然伝』も物語であり、法然の開いた浄土宗教団に都合が良い方向で、法然の弟子たちの強い信仰を描く虚構が施されている可能性は考えねばならない。

しかし、こうした記述の基盤にも何らかの事実が存在すると見るならば、直実の出家は、やはり楽隠居とは考え難い。あるいは、出家当初は楽隠居の形を取っていたとしても、その心底には怒りや恨み、そして罪業意識が渦巻いていたと想像されるのである。

『法然伝』の描く熊谷直実

さて、唐突に『四十八巻伝』や『九巻伝』という名を出したが、これらは『法然伝』の諸本の名である。法然上人の伝記を『法然伝』と総称しておくが、これにも多様な諸本があり、繁簡の差が大きい。熊谷直実は法然の弟子の中でも有名な人物の一人なので、時に大きく取り上げられているわけだが、直実について詳しく記すのは、『四十八巻伝』と『九巻伝』である。

『四十八巻伝』は『法然上人行状絵図』が本来の名称で、『法然上人絵伝』『勅修御伝』とも呼ばれる。『法然伝』諸本の中で最も大部であると同時に最も著名なものである。豪華な絵巻物で、美術史的にも非常に重要であり、知恩院に残る原本が国宝に指定されている。日本絵巻物全集、日本絵巻大成や岩波文庫などに『法然上人絵伝』の名で収められているのがこれである。成立年代については多少説が分かれるが、おおむね十四世紀初期、鎌倉末期頃と見てよいようである。だとすれば、その成立年代は、『吾妻鏡』とさほど変わらない時期と見られよう。全四十八巻のうち、第二十七巻をほぼ熊谷直実伝に宛てている。

一方、『九巻伝』は、『法然上人伝記』のことである。「法然上人絵詞」との内題もあるが、現存本に絵はない。『浄土宗全書』第十七巻などに翻刻されている。従来、右記『四十八巻伝』の草稿本とする説が一般的だったが、近年では『四十八巻伝』の方が先に成立し、それをもとに改作されたのが『九巻伝』であるという中井真孝の詳しい論証があり、注目される。『九巻伝』の成立は、従来の草稿本説によれば『四十八巻伝』より早い時期となるが、中井説によればやや遅れることになる。ただし、中井も、成立年代を文和五年（一三五六）から至徳三年（一三八六）の間と見ており、『九巻伝』も一四世紀のうちには成立したようである。『九巻伝』では、巻第四下に「熊谷入道往生事」を載せている。

しかし、いずれにせよ、『吾妻鏡』も『法然伝』も、さほど変わらない時期に何らかの材料を編纂して作られた書物であるといえよう。この問題に限らず、『吾妻鏡』は史書だから信頼できるというような考え方は、現在ではあまり採られなくなってきた。林譲は、何に拠ったかわからない『吾妻鏡』よりも、法然の書状などに拠っている『法然伝』の方がむしろ信頼できると指摘し、直実の往生については『法然伝』に拠るべきだとする。直実の往生について『法然伝』の方を信頼する点は、梶村昇や高橋修も同様である（後述）。

このように、『法然伝』はある程度信頼できる史料と見なされる。ここでは、『法然伝』の記事に基づいて、熊谷直実の出家の動機についてもう少し考えておきたい。

兼実邸で説法を聞く

『法然伝』は、直実が念仏の教えを聞いて法然に帰依したという話に続けて、次のような逸話を語る（『四十八巻伝』『九巻伝』共通）。

ある時、法然が藤原兼実邸を訪ねた。九条（藤原）兼実は、摂関家に生まれた超一流貴族だが、法

縁に座り，法然の声を聞こうとする直実（蓮生）
（『四十八巻伝』〈法然上人行状絵図〉巻二十七）

然に深く帰依していた。建久二年（一一九一）に関白になったが、同七年に失脚した。この話が関白在任中のことなのか、失脚後のことなのかはわからないが、法然としては最も重要な大檀那であることに変わりはあるまい。そこを訪ねる法然に、直実（蓮生）は勝手について行った。法然は同行を止めようかと思ったが、直実のような男を無理に止めるとかえってよくないと思い、やむなく連れて行った。兼実邸に着き、法然は兼実と対面して仏法を説いたが、直実が近くまで呼ばれるわけはない。身分制の厳しい時代、国家の頂点にいる兼実と、田舎武士出身で一介の法師に過ぎない直実では、あまりにも身分が違いすぎるのである。

直実はしかたなく、部屋の外で縁側に手をついて座り、法然が室内で話す声を聞こうとして耳を寄せたが、よく聞こえない。すると直実は、大きな声で無遠慮にこう言った。「ああ、穢土というのはいやなところだ。極楽浄土にはこんな差別はないだろうに。仏法談義の声も聞こえやしない」。常識的には、説法を漏れ聞くだけで有り難いと思うべきところだが、直実にはそんな常識が通じないのである。

直実の無遠慮な大声を聞きつけた兼実が「あれは何者だ」と尋ねる。法然は冷や汗をかいただろうか、「熊谷の入道とて、武蔵国よりまかりのぼりたるくせもの」が、勝手に供をしてきたのであると答える。兼実は「殊勝な奴ではないか。ここに呼んでやりなさい」と命じた。すると直実は、挨拶もせず、ずかずかと上がり込んで説法を聞いた。「来世での救済はともかく、今この場で兼実殿の御前に上がり込んで説法を聞くことができるとは、念仏修行をしているおかげではないか」と、人々は驚いたという。

もちろんこれも、事実そのままを伝えているとはいえまい。面白く脚色されていることは十分に考えられる。だが、それにしても、直実の振る舞いはこの時

平等へのこだわり

代としてはあまりにも非常識である。この異常なほどの平等へのこだわりは、的立役拒否事件を想起させる。頼朝のもとの平等を主張して挫折した直実は、今度は阿弥陀仏のもとの平等を主張しているといえようか。そこに、『吾妻鏡』と『法然伝』が共通して描く、直実の強烈な個性が窺える。二つの文献の各々異なる逸話から、このような共通性が浮かび上がるわけで、実在の直実もやはりこうしたところに社会への違和を抱えていたのではないかと思わされる。だとすれば、出家のきっかけとしては、やはり的立役拒否事件を重視すべきではないだろうか。

このように、『吾妻鏡』と『法然伝』を読んでいると、やはり頼朝や幕府に対する不満が重要と考えられる。だがそれは、単に所領争いに敗れた不満というようなものではない。激しい動乱の中では自分の腕次第でのし上がれるはずだったのに、世の中が落ち着いてみるとやはり家柄がものをいい、直実のような下層の武士は十分に認められない。そのような社会への不満が、直実にはあったのではないだろうか。

その根底にある、軽蔑への強い反発、あるいは「平等」への異様な執念がどこから来ているのかはわからないが、身分が変動する動乱期が生んだ一つの人物像ととらえることはできよう。そうした直実の心に、法然の説いた、阿弥陀仏は念仏する人を身分を問わず救済するという教えが響いたことも想像しやすい（松井輝昭は武蔵国の専修念仏の徒に平等で強い相互扶助的な性格を持つ集団を想定する）。前章で見た『平家物語』、特に覚一本が描くような、高貴な都人に対する敬意に満ちた、裏返せば野蛮な坂東武士としての卑下を抱えた熊谷直実とは、いささか異なる人物像を思い描く必要がありそうである。

深い罪業意識

だが、そのような他者（頼朝、幕府、社会など）への不満だけでは、なお解明しきれないものが、『法然伝』の描く直実出家にはあるように思われる。先に見たように、初めて法然を訪ねた際、直実は「『手足を切ったり、命を捨てたりしなければ往生などできない』と言われるかと思っていたのに、念仏を唱えるだけで良いと聞いて、あまりに嬉しくて泣いてしまいました」と言ったという。『四十八巻伝』では、次のような言葉である。

「『手足をもきり、命をも捨ててぞ、後生はたすから《助》むずる』とぞ、うけたまはら《承》むずらむと存ずるところに、『ただ念仏だにも申せば往生はするぞ』と、やすやすと仰せをかぶり侍れば、あまりにうれしくてなかれ侍る」よしをぞ申ける。

「手足をもきり、命をも捨てて」云々という表現の強烈さは、ただ直実が乱暴者の武士だったからこうした言葉が出たというわけではあるまい。直実には、自分自身の罪業に対する強烈な意識があったと見るべきだろう。これは頼朝などへの不満とは別問題である。

「手足をもきり」云々は、罪業意識の表現としては大げさなようにも見えるが、武士として、また法然の弟子として直実の傍輩である津戸《つのど》三郎為守を描く『為盛発心集』（為盛発心因縁集などとも。続群書類従所収）では、為守は発心して法然上人の教えを受けた後、切腹して果て、極楽往生したのだと描く。これはもとより実伝ではなく、後代に作られた物語と見られるが、当時の武士たちの精神世界に近いものがあるといえるのではないか。

『法然伝』が法然の教えの有り難さを強調していることはいうまでもないが、直実が実際に、「自分は簡単には往生などできない」と思っていたというのはあり得ることだろう。第二章5節で見たように、平安時代から鎌倉初期には、日頃は平気で罪深い生活を送っているように見えながら、実は自らの罪業におびえて救済を渇望している者が、日本にはたくさん存在した。治承・寿永の内乱で、そうした武士がさらに多く生まれたことは確かだろう。武士たる者が、殺生に一々罪業を感じるものか——などといった皮相な見方は、少なくともこの時代には通用しない。

出家の動機と敦盛

前章末にも書いたように、敦盛を討ったことが熊谷直実の出家の動機だったのかどうかはわからない。熊谷直実が敦盛を討ち取ったということが『平家物語』諸本にしか見えず、確かな証拠がないからである。『法然伝』も出家の動機は頼朝への恨みとしていて、敦盛を討ったことなどには全くふれていない。出家の時期も右に見てきたように厳密にはわからないものの、一ノ谷合戦直後でないことは確かである。

ただ、『法然伝』の右のような記事や、平安・鎌倉期の武士たちの意識から考えて、戦場における罪業の積もり積もった意識が、直接の契機ではないにせよ、彼の心を出家に追いやる働きをした可能性は考えられよう。敦盛とは限らないが、多くの敵を殺してきたことに対して、罪の意識があったとしても不思議ではない。

『法然伝』では熊谷直実以外にも、甘糟太郎忠綱、津戸三郎為守などといった武蔵国の武士たちが登場する。甘糟は自らを「我等ごとくの罪人」と呼び（『四十八巻伝』巻二十六）、津戸は「合戦たびたびの罪を懺悔」したという（同・巻二十八）。津戸が後に『為盛発心集』の主人公とされたことは右に見たとおりであり、また、甘糟の物語は源平盛衰記巻九でも語られる。これらの記事は、彼らの心の中に合戦の罪業が重く沈んでいたと描くわけであり、それは熊谷直実も同様だったと考えられよう。

この後の日本は武士の国となり、合戦で人を殺すことが当たり前とされる社会が次第に作られてゆくのだが、彼らが生きた時代は、まだそうではなかった。後代の日本人が忘れてしまった感覚を、この時代の武士や殺生に関わる人々は（少なくともその一部は）持っていたと見るべきであろう。唐木順三は、「武士が敵の首級を挙げるといふことは名誉ある武勲であつて罪ではない。それが武士といふものの在り方である」と述べ、永井路子は「彼は芯の髄からの東国武士なのだ。殺しあいには馴れている。若武者一人殺したことにショックを受け、人生観まで変ってしまうような人間ではなかったはずである」と述べた。しかし、これらは全く的外れとはいえないまでも、いささか単純に過ぎ、後代の一面的な捉え方に過ぎないのではないだろうか。

冨倉徳次郎は、直実の出家の動機は「この敦盛の事件だけというよりは、宇治川の合戦、一の谷の合戦と相次ぐ戦場体験の集積によるものと考えることができると思う」と述べ、上横手雅敬は、「直実の出家の動機が、敦盛の一件などではなく、実は所領争いにあったとして、形而下の問題に還元して得意がるような考え方は、私には浅薄に見えて賛成できない」と述べている。いずれも傾聴すべきものがあろう。直実の心に即した具体的な論証は困難だが、戦場の体験が影響した可能性は認めるべきであると思われる。

以上、見てきたように、熊谷直実の発心は、武士として殺生を重ねてきたことへの罪業意識を根底に置きつつ、平等に関するこだわりによる頼朝や幕府への不満をきっかけとしたものであったと考えておきたい。

3 浄土へのさきがけ

法名「蓮生」

ともあれ、熊谷直実は出家を遂げた。法名は既に見たように「蓮生」であった。「蓮生」は「れんせい」と読む。直実自筆と見られる大和興善寺阿弥陀如来像胎内文書の「蓮生（熊谷直実）結縁状」（『鎌倉遺文』一五〇三号）や、大東急記念文庫蔵『請願状』『奇瑞記』（水原一紹介）に「れんせい」とある（後者の『奇瑞記』には「れいせい」と翻刻されている箇所もあるが、これも「れんせい」と読んでよいだろう）。また、『九巻伝』（法然上人伝記）などに「蓮西」「恋西」の表記が見えるのも、「れんせい」と読んだためであろう（ただし、浄瑠璃・歌舞伎の世界では「れんしょう」と読んだようである）。浄土教の盛んな時代、極楽浄土の蓮を想う「蓮生」の名は付けやすい法名だったはずで、同時代の関東武士には、他に宇都宮頼綱も著名な「蓮生」であった。こちらは一般に「れんしょう」と読む。

以下、出家後の直実は原則として「蓮生」と呼ぶこととしよう。蓮生は、前節に見たように、文治三年（一一八七）以降、建久二年（一一九一）三月一日以前に出家したと見られ、その後、法然の弟子となったことは確かだが、弟子となった時期は明らかではない。

ただ、元久元年（一二〇四）五月十三日の蓮生自筆文書・清涼寺蔵『誓願状』（『鎌倉遺文』一四五〇号）には、「極楽に所願に従って生まるとの給へる事を、夜毎に見在《げんざい》に御拝みて、今年は十一年になる」とある。願い通りに極楽に往生できるという法然の教えによって、十一年間念仏を続けているというのだが、だとすれば、初めて法然の教えを受けたのは建久四年（一一九三）あるいは同五年頃のこととなろう。『粟生《あおう》光明寺絵縁起』は、蓮生が故郷を出て法然のもとに向かったのを建久四年（一一九三）三月とする。後世の資料なので確かな根拠とはいえないが、概ねあたっているとは見られよう。出家した蓮生は、しばらく東国で暮らした後、上洛して法然の弟子となったのであろう。

走湯山から

蓮生は、どのようにして法然のもとにたどり着いたのだろうか。その詳細はわからないが、おおよその道筋は見当がつく。蓮生と法然の縁をつないだのは、おそらく走湯《そうとう》山《ざん》（熱海の伊豆山神社）であったと考えられる。

本章の最初（一〇三頁）に述べたように、『吾妻鏡』建久三年（一一九二）十二月十一日条は、直実の出家逐電事件の続報を伝えているが、その情報は走湯山の住侶であった専光房良暹《りようせん》からもたらされたものだった。良暹は、直実を自分の草庵に連れてきて、同法（仲間の僧）たちと共に浄土宗の法門を説いて、直実をひとまず落ち着かせたという。

直実が出家後の一時期、走湯山にいたことは、『九巻伝』（法然上人伝記）にも見える。直実は「はじめは伊豆国走湯山に参籠しけるが、上人の念仏弘通の次第を、京都より下れる尼公の語り申けるをきゝて、やがて上洛して」法然のもとに参ったというのである。

激しく流れる温泉で知られる走湯山は、古代から信仰された、東国の有力な神社であった。そして、この時期に走湯山を管領していた浄蓮房源延《じようれんぼうげんえん》は、比叡山出身で念仏に熱心であり、法然にも近づいていた（源延については、三田全信・菊地勇次郎・納富常天などの論に詳しい）。建仁四年（一二〇四）には、浄土宗の根拠となる経論の要文を集めた『浄土宗略要文』を法然から与えられている。そのもとには、浄土宗に親しい念仏の徒が集まっていただろう。走湯山の住侶であった良暹の周囲に「浄土宗の法門を談」ずる「同法等」がいたことは自然なことである。直実が、走湯山でそうした人々と交わり、その縁を頼って上洛したという記述は信頼してよいと見られる。

右に引用した九巻伝によれば、直実は「京都より下れる尼公」の語ることを聞いて上洛したというが、この「尼公」も走湯山にいた妙真尼のことかもしれないと言われている。妙真尼について、『四十八巻伝』（法然上人行状絵図）では、巻二十四で詳しく述べている。それによれば、妙真尼は走湯山にいた『法華経』の持経者、真言の行者だったが、東国から上洛した際に法然の教えを受けてから念仏に専念し、その功が積もってついに予告往生を遂げたのだという。予告往生においても蓮生の先達だったのかもしれない。

法然との出会い

ともあれ、上洛した蓮生は、法然のもとを訪れた。その出会いを『法然伝』によって見てみよう。右に引用した『九巻伝』は、「やがて上洛して」の後、「先澄憲法印のもとへ向ひて、見参に入べきよしを申入て」と続ける。その後、対面を待っている間に刀を研ぎ、その理由を往生のために必要ならば腹を切るためであると答えた話は、前節（一一八頁）で見たとおりだが、『九巻伝』によれば、澄憲を頼ったわけである。澄憲は信西の子息で、巧みな説法で人々を導く安居院《あぐい》流唱導の祖として知られる当代一の弁舌家であった。右に見た走湯山の源延は、若い頃に比叡山で澄憲を師として学んだというので（『善光寺縁起』）、その縁によるものと考えられる。

一方、『四十八巻伝』は、こう語る。

心をゝこし出家して蓮生と申けるが、聖覚法印の房にたづねゆきて、後生菩提の事をたづね申けるに、「さやうの事は、法然上人にたづね申べし」と申されければ、上人の御庵室に参じにけり。

聖覚は澄憲の子息で、法然の弟子となった。父の澄憲ならば走湯山との縁がより深く、子の聖覚ならば法然との縁がより深い。澄憲か聖覚か、どちらが正しいのかはわからないが、いずれにせよこの父子が蓮生と法然を結びつける役割を果たしたと見てよいだろう。

法然に会った蓮生が、「ただ念仏を唱えるだけで往生できる」という教えを聞いて泣き崩れ、「『手足を切ったり、命を捨てたりしなければ往生などできない』と言われるかと思っていたのに、念仏を唱えるだけで良いと聞いて、あまりに嬉しくて泣いてしまいました」と答えたという話、また、九条(藤原)兼実邸で、法然の説法がよく聞こえないというので大声で文句を言い、ずかずかと上がり込んで説法を聞いたという話が、『九巻伝』『四十八巻伝』とも、続いて語られる。これらはいずれも前節に見たとおりである。

上品上生願

その後の蓮生について、詳しいのは『四十八巻伝』である。蓮生は、念仏によって往生しようと決めてからは、単なる往生ではなく、上品上生《じょうぼんじょうしょう》の往生をめざした。「上品上生」というのは、「九品往生」の考え方による。極楽浄土に往生するにも九つの階級がある。「上品」「中品」「下品」の三つの階級をさらに「上生」「中生」「下生」の三つずつに分け、最高の上品上生から、以下、上品中生・上品下生・中品上生……と、下品下生に至るまで、合計九つの階級とするわけである。極楽に往生するだけで容易なことではないはずだが、蓮生は、難関校に合格するだけではなく、どうせならトップで合格したいというのである。

『四十八巻伝』は蓮生の願を長々と描いている。要点を意訳気味に紹介しよう。

蓮生は、念仏往生の信心が固まってからはひたすら上品上生の往生を望み、それより下には往生したくないと願った。なぜなら、天台の智顗《ちぎ》大師のお言葉によれば、上品上生以外の往生では、浄土から現世に戻ってきて衆生を救うことができないからである。すべての衆生を救うために、私は上品上生の往生がしたい。それ以外の往生はしたくないのだ。

しかし、そう思った後で、また考えた。法然上人は、「日本の浄土教を開いた恵心僧都源信でさえ、下品上生を願われた。まして末代の衆生に、上品上生の往生ができる者など一人もあるまい」とおっしゃっている。それはそうなのだろう。末代に上品上生の往生などできる者はない。ましてこの万事不届きな蓮生が、上品上生に往生できるわけがない。

しかしながら、である。私が上品上生でなければ往生しないと誓ったからといって、もし阿弥陀仏が「それなら浄土に迎えない」とおっしゃるなら、さまざまな問題が生ずるではないか。まず、すべての衆生を救うという阿弥陀仏の本願が破れてしまう。さらに、阿弥陀には慈悲が欠けているということになってしまう。そして、『観無量寿経』の言葉も、『阿弥陀経』の言葉も、無数の仏たちが誓った言葉も、善導和尚の教えも、何もかもすべて嘘になってしまうではないか。この蓮生を往生させないなら、仏も高僧もみんな妄語《もうご》（嘘）の罪を犯したということになってしまうが、それでもいいのか。

阿弥陀仏を信ずる者は、至らない自分を迎えて下さる仏の慈悲のありがたさにひたすら感謝するのが普通である。ところが、蓮生は、「私を往生させないなら約束違反だ。あんたたちは全員、嘘つきの罪人になってしまうぞ」と、仏を脅すのである。こんなクレーマーのような信者があるものかと、阿弥陀仏も苦笑することだろう。

前近代の日本人にとって絶対神というものはなく、神は人間に近い存在だったので、願掛けをする者が「私の願をかなえないなら社殿の中で切腹するぞ」とか「神社を焼き払うぞ」などと神を脅す話もある（真名本『曽我物語』、『浄瑠璃十二段草子』など）。しかし、「私の願をかなえないなら約束違反の嘘つきだ」と仏に迫った者はそういるまい。頼朝にも兼実にも遠慮しなかった蓮生は、阿弥陀仏に

発願文を書く蓮生
（『四十八巻伝』〈法然上人行状絵図〉巻二十七）

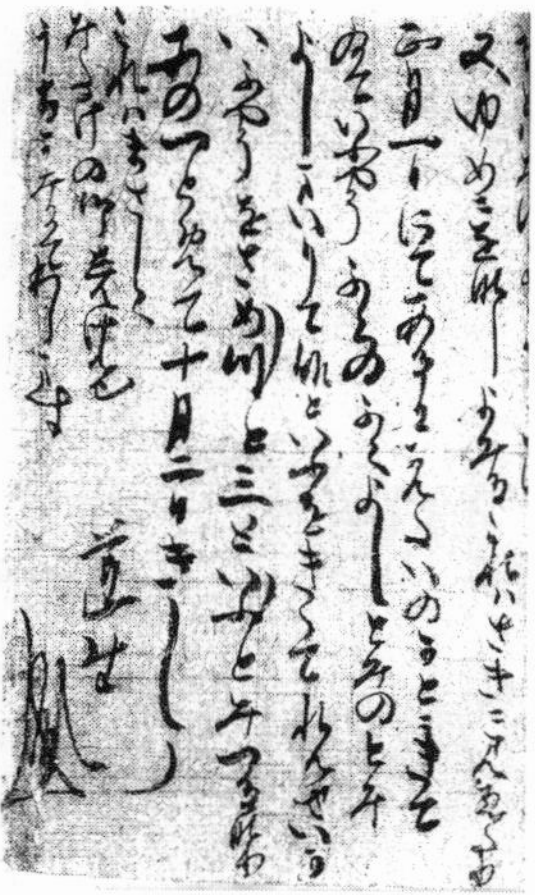

蓮生自筆『誓願状』末尾
（左下に「蓮生」の署名と花押がある。清涼寺文書）

対しても、少しも遠慮しないのである。

しかも『四十八巻伝』のこの部分は物語ではなく、先に紹介した蓮生自筆文書・清涼寺蔵『誓願状』（一〇八頁参照）をほとんどそのまま引いたものである。蓮生はほんとうにこのような誓願を書き残しているわけである。このように、蓮生自筆文書を引用していることは、『四十八巻伝』などの法然伝が、ある程度までは熊谷直実に関する事実を伝えていると見られる根拠でもある。

ただし、この記事では、法然は「末代の凡夫が上品上生を願うのは無理だ」と言っていたように描かれるが、実際の法然は、上品上生をめざすこと自体を否定したわけではないようである（松井輝昭・吉村稔子などに指摘あり）。『黒谷上人語燈録』（和語燈録）に収められた、法然の北条政子や大胡《おおご》太郎などに宛てた手紙の中には、上品上生に往生して現世に帰り、人々を導くことをめざせと教える文言がある。問題は、蓮生の信仰があまりにも激しすぎたことだろう。

腹悪しき人

仏を脅した蓮生は、念仏信仰の仲間に対しても厳しかったようである。『四十八巻伝』はこう語る。

その性たけくして、なを犯人をば、或はむまぶねをかづけ、或はほだしをうち、或はしばり、或は筒をかけなどしていましめをきけり。よに心えぬわざにてぞありける。

「犯人」は犯罪者の意味ではなく、共に念仏する仲間が戒を犯したのをいうのだろう。蓮生は、そうした仲間を、馬槽《むまぶね》（かいば桶）をかぶせたり、縄で縛ったり、あるいはほだし（手かせ足かせなど）で拘束したという。一種のリンチである。

縄やほだしを用いるというのは、紀伊国阿弖河《あてがわ》庄上村の百姓らが地頭の横暴を訴えた建治元年（一二七五）の百姓申状に、「妻子《めこ》どもを追い籠め、耳を切り、鼻を削ぎ、髪を切りて尼になして、縄ほだしを打ちて、さえなまんと候うて……」（原文カタカナ、傍線引用者）とあるように、在地の私刑で用いられたやり方である。『今昔物語集』には、馬盗人を柱に縛り付けた（巻十三第二十話）とか、両足に足かせを打ち、両手を木に縛り付けた（巻十三第三十八話）などともある。上杉和彦は、「縄に代表される拘束用具によって人の身体の自由を奪うことは、嫌悪すべきことであり、かつ武士の行動の特性であると理解されていた」と指摘している。

法然の建永二年（一二〇七）正月一日付熊谷入道宛て書状とされる文書（『鎌倉遺文』一六六三号）に、「それ（蓮生）の腹の悪しき事、京にも御所中にもかくれなく候。（中略）念仏がなま申なるとて、しばりたたく事、更に経釈に見えず候」とあるのは、この記事に呼応しているといえよう。「腹悪しき」は短気なこと、怒りっぽいことをいう。蓮生は、共に念仏をする仲間に対しても乱暴で有名だったので、法然は「念仏がいい加減だからといって、縛ったりたたいたりしてはならない」と諌めているわけである。

この文書は十六世紀成立の『真如堂縁起』によるもので、法然自身が書いた書状であるという確証はない。しかし、『四十八巻伝』とこの文書の呼応から、蓮生が、出家後の日常的生活態度として、在地の武士らしい荒々しい流儀をそのまま持ち込んでいたと想像してもよいのではないか。菊地大樹はこの書状から、念仏さえ唱えれば良いという法然の教えにもかかわらず、蓮生は持戒の苦行的実践に傾いたと見て、「直実における専修念仏理解は、あくまで直実の武士としての生きざまを踏まえ、身体性に連動した実践として展開していった」ととらえている。

逆　馬

念仏を唱えるだけではおさまらない蓮生の過剰な実践として有名なのが、「逆馬《さかうま》」の逸話である。『四十八巻伝』にはこう描かれる（『九巻伝』にもあるが簡略）。

蓮生、「行住坐臥、不背西方」の文をふかく信じけるにや、あからさまにも西をうしろにせざりければ、京より関東へ下ける時も、鞍をさかさまにをかせて馬にもさかさまにのりて、口をひかせけるとなん。

「行住坐臥、不背西方」は、唐の窺基『西方要決』の句として、法然の『選択本願念仏集』に引かれる。はるか西方にある極楽浄土への往生を願うため、一日中何をするにも西に背を向けてはならないというのである。蓮生はそれを深く信じて、東へ向かう時は後ろ向きに馬に乗ったというわけである（口絵参照）。

上洛して法然の弟子になった後も、蓮生は京都と鎌倉の間を何度か往復したようである。たとえば、『吾妻鏡』建久六年（一一九五）八月十日条に、蓮生が武蔵国に下り、途中、鎌倉で頼朝と対面したという記事がある。当時十数日かかった、こうした鎌倉への旅の間も、常に西を向いていたということになる。さすがにこれは事実とは考えにくい。

ただ、『徒然草』四十九段や『一言芳談』下巻に見える心戒《しんかい》上人は、日頃から、うずくまることはあっても、腰をおろしたり膝をついて座ることはなかったという。なぜなら、この世界は落ち着いて座っていられるようなところではないからだというのである。もちろんこれも誇張された話ではあろうが、常に極楽へ向かうことしか考えずに生きている者たちが、この時代に少なからず存在したことは事実であろう。蓮生もそうした者の一人だったことは認めてよいだろう。

なお、心戒は『発心集』や延慶本『平家物語』によれば、平宗盛の養子となった阿波守宗親のことである。戦いに勝った側にも敗れた側にも、こうした人々がいたということになる。

『四十八巻伝』が逆馬の話に続いて、蓮生の詠んだ歌として引くのが、この

浄土にもかうの者とや沙汰すらん　歌である。

浄土にもかうの者とや沙汰すらん西にむかひてうしろみせねば

「かうの者」は「剛の者」「甲の者」などと書く。武勇にすぐれた者、強い者という意味だが、肉体的な強さをいうより、精神的な強さ、勇敢さを指すことが多い。要するに命知らずでひるまない者である。決して敵に背を見せない剛の者が、今度は西方浄土に向かって行く。決して西に背を向けない

ので、浄土でも剛の者と噂しているだろうというわけである。第二章で見たように、ひたすら勇敢さを競っていた武士たちにさきがけて、一ノ谷の西の木戸口にたった三騎で押し寄せて先陣を宣言した時のように、蓮生は、浄土にも名誉の先陣を遂げようというのである。

上手な歌とはいえまいが、そもそも蓮生が和歌を詠めたかどうか自体が怪しい。逆馬の話とこの和歌は、浄土を目指す蓮生の意気込みを描いた、ひとまとまりの創作である可能性が強いだろう。『四十八巻伝』はこの歌に続けて、法然も蓮生の事を常に思い出して「坂東の阿みだほとけ」と讃えたと記すが、その記事の直後に続くのが前述のリンチの話である。法然が蓮生の信仰を賞讃したことは事実だとしても、無条件の賞讃であったとは考えにくい。だが、そこに描き出された信仰のあり方は、蓮生自身の一面を伝えているのではないだろうか。それは、一番乗りをめざすような武士らしさを保ったまま、その猪突猛進のエネルギーを信仰に振り向けた姿である。

熊谷直実の出家には、武士として積み上げた罪業を恐れたという面があったと思われるが、だからといって、直実が武士らしさを捨てたわけではなさそうである。『平家物語』、特に覚一本が描くように、都の優雅な文化にあこがれて武士の生き方そのものを否定したとは思えない。現実の蓮生は、武士として作った罪業を、武士らしい荒々しい行によって克服しようとしたのだろう。武士らしい激しさを信仰に生かすのは、文覚や滝口入道など、同時代の説話文学の中で描かれる武士出身の聖たちに共通する姿ともいえるだろう。

4　夢見る蓮生と「魔」

蓮生は夢告や奇瑞を見る人でもあった。『四十八巻伝』は、「蓮生自筆の夢の記」を引いて、次のように語る（意訳・要約）。

夢見る蓮生

私は上品上生に往生できるという夢をたびたび見た。唐の善導は夢を見て悟って『観無量寿仏経疏』を作り、恵心僧都源信の『往生要集』も、東大寺の珍海の『決定《けつじょう》往生集』も、夢を見て記したのである。また『法華経』にも、法華の行者が夢中で釈迦の姿を見ると記されている。

私は元久元年五月十三日に上品上生の願を発し、同二十二日の夜に阿弥陀仏にお願いした。「私の発願が成就するなら、疑いないと御示現ください。ダメならダメと御示現ください。誰が見ても疑いないという、はっきりした御示現がいただきたいのです」と願って寝たその夜、すぐに夢を見た。金色の蓮の花の、茎が長く枝もないのが、すらりとただ一本立っている。そのまわりに十人ほどの人がいたが、私は「他の者はあの上に一人も登れないが、私だけは必ず登れる」と言った。どのように登ったかわからないが、私はその蓮の花の上に登って端座していたと思うと目が覚めた。

これは本書では「清涼寺蔵『誓願状』」と呼んでいる蓮生自筆文書による記述だが（一〇八頁参照）、やはり清涼寺蔵の自筆文書『夢記』では、こんな話を記す。

元久三年十月一日、夢を見た。蓮生は、四十歳余りの僧と往生について議論していた。蓮生が、「ただ弥陀の本願にすがる、それ以外には何もない」と言うと、相手の僧は何も言えずに座っていたが、あまりに言い詰められて、目をつぶってうつぶせになっていたかと思うと、次第に姿が消え失せ、人の姿でもなくなって、とうとう消えてしまった。どこかへ立ち去ったのではなく、確かに消え失せたのである。

また、同じ夜の夢で、正月一日に、館内に来た者が「福の福よし、富の富よし、参りて候ふ」（めでたい使いである意か）と言い、また、「蓮生の言ふやう、納めつ納めつ」（蓮生の言うことは聞き納めた）と二度言った。その日の夜明けに、この夢を書き留めたのである。これはまさしく、氏神である御嶽の神の御示現である。

蓮生は、神仏が往生を保証する夢を何度も見て、それを書き留めているわけである。周囲の者が登れない蓮に一人だけ登ったり、得体の知れない僧を論破して消え失せさせたりと、蓮生は夢の中でも往生をめざして戦い、さきがけをめざしていた。そして、その夢が、蓮生をますます熱烈な信仰に駆り立てるのである。

ただ、後者の夢の日付「元久三年十月一日」には注意すべきだろう。元久三年（一二〇六。四月に改元して建永元年）の八月には村岡の市場に「明年二月八日に往生を遂げる」という予告の立札をしたという、激動の時期である。予告往生という引き返せない宣言の後、さすがの蓮生にも不安がなかったとはいえまい。この夢は、蓮生の不安を抑え、励ますものだったのかもしれない。

大東急記念文庫に、蓮生自筆と見られる『奇瑞記』と呼ばれる文書がある（水原一紹介）。第一章冒頭で「熊谷」の訓みや生年の考証に用いた同文庫蔵『請願状』（第一章一八頁参照）と一連の巻子の形で「鎌倉時代縁起残欠」の名で保存されているものである。『奇瑞記』は、ある日の蓮生の様子を「西めん」という尼と、別のある女房とが見聞きして、後に蓮生に語り、それを蓮生自身が書き留めるという一風変わった形の記録になっている。「西めん」は未詳の人物。「西面」あるいは「西免」であろうか。

この文書はわかりにくいものだが、紹介者の水原一が解説しているように、四段落に分けて理解すべきだろう。

①蓮生が念仏していたところ、それを聞いた尼「西めん」の耳には、釈迦仏が現れたというように聞こえた。阿弥陀仏の出現と聞いた者もいた。しかし蓮生自身は念仏していただけだった。

②蓮生が念仏しているところに身長五尺ほどの生身の仏が現れたのを、「西めん」が見た。周りの人に語ったところ、娘もそれを見ていた。

③ある女房が、簾の中が金色に輝くのを見てのぞき込むと、蓮生や絵像の仏、板敷・簾などが金色に輝いているのだった。

④（右に対する蓮生の注記）人々が御堂から帰るときに、堂の中から「往生がただ今始まる」という声が聞こえたという。しかし、堂の中では誰もそんなことは言っていなかった。尼「西めん」は、確かに生身の阿弥陀仏が蓮生の前に現れたのを見たのである。それは二月二十七日のことであり、そのことを尼が語り、蓮生が書き留めたのは五月五日のことであった。

水原一は、①と②は別の話題で接続が弱く、同日のできごとと解するのは難しいと見て、③もあるいは別の日のことではないかと考えつつ、「類似の事件を並べるのに、これを継時的に関連づけるという傾向は説話に例のある事である」として、「信者たちの報告をこうして記録する時すでに熊谷自身によってその説話的形成が営まれている」と指摘した。卓見というべきであろう。

注目すべきは、蓮生に関するこのような奇瑞を、蓮生自身ではなく、「西めん」など周辺の信者が語っていることである。『奇瑞記』には月日はあるが、何年のことかは記されていない。ただ、この文書と共に保存されている大東急記念文庫蔵『請願状』は元久元年（一二〇四）五月十三日のものであり、清涼寺蔵『誓願状』も同日のものである。『奇瑞記』の「五月五日」も、これらと近い時期と考えてもよいのではないだろうか。だとすれば、法然門下で修行すること十年余りのうちに、蓮生の周囲には既に少数ながら熱烈な蓮生信者ないし蓮生ファンの集団が形成されていたと見られよう。

鎌倉初期の説話集『古事談』巻三・一〇八話に、こんな話がある。京都から東国へ来て修行していた僧が、武蔵国にいたが、双六で負けて自分の身まで博打のカタにとられ、奥州で馬と交換するために連れて行かれることになってしまった。そこで、この僧を助けてやろうとしたのが、「熊がえの入道が弘めおきたる一向専修の僧徒」たちであった。彼らは財産を出し合い、布百五十段の値でこの僧を助けてやろうとしたのだが、助けてやる条件として「今後は専修念仏に帰依せよ」と言った。ところが、その僧は堅固な『法華経』の信奉者だったので、「専修念仏の仲間になるぐらいなら売られた方がましだ」と拒絶したという。

東国における専修念仏の広がりや、それに対する拒否反応など、さまざまな問題を考えさせる話だが、ここでは「熊がえの入道が弘めおきたる一向専修の僧徒」がある程度まとまった人数となっていたことに注目したい。『古事談』の説話では時期はわからないが、蓮生の出身地である武蔵国には、蓮生を中心とする信者集団が形成されていたわけである。

蓮生の周辺

また、『黒谷上人語燈録』（和語燈録）に収められた法然の書状の中に、蓮生と同様に専修念仏に帰依した津戸三郎為守にあてた手紙（年次未詳、九月二十八日付。『鎌倉遺文』一四五八号）がある。その中で法然は、専修念仏の徒が武蔵国に三十余人いることを喜び、津戸三郎や「くまがやの入道」の力によることだと述べている。蓮生が武蔵国で活発に布教に努め、信者を獲得していたことは、ここからも裏付けられる。

このように、武蔵国では、蓮生の力によって作られた信者集団が少数ながら存在したようである。

その中には、『奇瑞記』に記されたような蓮生の奇瑞を信じ、彼が異相を現じて往生する様子を見たいと待ち望む者たちがいたわけであろう（人の死を待ち望むなどというと、現代人には違和感があるが、当時の人々にとって、「往生」とは文字通り浄土に往って生まれることであった）。そして、蓮生は彼らの声援によって、その過激な信仰に拍車をかけたものと想像される。蓮生は、法然の弟子であると同時に小規模なグループのリーダーとなり、ミニ教祖のような位置に近づいていたとさえいえるかもしれない。

法然の戒め

念仏行者・蓮生の名は、武蔵国だけではなく、全国に広まっていったようである。『迎接曼荼羅《ごうしょうまんだら》由来記』（清涼寺蔵。後述）によれば、ある時、鎌倉の人が蓮生の上品上生に往生する様子を詳しく夢に見て、法然と蓮生に書き送った。また、九州の人も京都の人も同じ夜に夢を見て法然に書き送った。複数の人が同じ夢を見るのは、夢の真実性を保証するものとして多くの説話に語られる現象である。また、『四十八巻伝』によれば、かつて邸に上がって法然の説法を聴くことを許した九条（藤原）兼実も、蓮生に関する奇瑞の噂を耳にして、法然に問い合わせたという。

しかし、法然は、こうした蓮生の信仰に危ういものを感じていた。『四十八巻伝』では、法然が蓮生に送った手紙の内容として、「自分の死期を知って往生する人は多いが、こんなに耳目を驚かせるようなことは末代にはあり得ません」として、次のように忠告したと述べている。

仏道では魔事ということに何よりも気をつけねばなりません。このように奇瑞を示すにつけても、魔が機会を窺うこともあるはずです。すばらしい奇瑞が起きると共に心配になって、こんなことを申し上げるのです。

この書状は実在のもので、清涼寺に残されている（『日本名跡叢刊』に影印掲載。『鎌倉遺文』は『四十八巻伝』に拠って建永二年〈一二〇七〉に配する。一六六四号）。ただし、筆跡は法然ではなく、法然の高弟である証空のものであり、証空が法然の意を体して蓮生宛てに書いたものと見られている。法然は、奇瑞によって自らの上品上生往生を信じる蓮生が、「魔」に狙われるのではないかと心配していたのである。

往生を妨げる「魔」

この時代の人々は、奇瑞を信じる人々であると同時に、「魔」を恐れる人々でもあった。「魔」とは、人の心に取り憑いて狂わせる悪霊をいう。とりわけ、往生をめざす者にとっては、一心に阿弥陀仏に祈らねばならない、最も重要な臨終の瞬間に「魔」に取り憑かれることは、往生にあたっての最大の難事であった。

鴨長明編『発心集』巻四第七話「或る女房、臨終に魔の変ずるを見る事」は、ある高貴な女房の臨終をこう描く。臨終には、往生を願うために善知識《ぜんちしき》の聖が付き添って指導するのだが、その聖が見ていると、女房は何かを恐れている。「何が見えますか」と問うと、「恐ろしい地獄の使いが火の車を引いてきます」と言う。聖は、それは魔が見せる幻覚であると教え、ひたすら念仏を唱えるように勧める。すると女房は次に「火の車は失せて、宝玉で飾った車に多くの天女が乗って迎えに来ます」と言う。しかし聖は、「それに乗ってはいけません」と教え、また念仏を勧める。しばらくして女房は、

「玉の車も失せて、墨染めの衣を着た尊そうな僧がたった一人で来て、『案内しましょう』と誘っています」と言う。しかし聖は、「その僧には絶対について行ってはいけません。極楽に参るには道案内はいらないのです。阿弥陀仏があなたを連れて行ってくださるのです」と教える。さらにしばらくすると女房は、「僧もいなくなり、誰もいません」と言う。聖は、「今です。集中して念仏しなさい」と教え、女房は無事に往生できた。

恐ろしい火の車や天女の乗った宝玉の車はともかく、墨染めの衣の僧も魔なのであった。魔は、熟練の詐欺師のように次々と姿を変えて、往生を志す者をだましにかかるのである。

往生を志してだまされた者はどうなるか。一例を『天狗草紙』（七天狗絵）三井寺巻Aと呼ばれる絵巻から見てみよう。ある僧が極楽往生を願ってひたすら念仏していたところ、音楽が聞こえ、聖衆が来迎したと見えた。ところが、僧を捧げて極楽に向かったと思った聖衆たちは、しばらく雲の中を行くうちにおかしな姿になり、僧を高い木の梢に結びつけたかと思うと、消え失せてしまった。僧は数日後、鷹の雛を捕りに来た俗人に救出された。天狗のしわざだったのである。このように、往生の奇瑞と見えたものをうかつに信用するときわめて危険なわけである。

驕慢と魔・天狗

だが、『天狗草紙』に描かれる僧の場合は、天狗にだまされただけで助かったので、まだ良い。驕慢な僧は自ら天狗になってしまうと信じられていた。たとえば、延慶本『平家物語』巻三は、後白河院と住吉明神のいわゆる天狗問答を記している。それによれば、末世の僧は道心がなく驕慢なので、十人に九人は天魔となって仏法を滅ぼそうとする、これを天狗と

天狗に化けた聖衆来迎（右），僧を連れて飛んで行く天狗たち（左）
（『天狗草紙』三井寺巻Ａ〈個人蔵〉）

いうのだという。「天狗」は非常に多様な面を持つ存在で、その全体像を説明する余裕はないが、後代に高い鼻を持った姿で知られるようになる天狗とは全く異なり、鎌倉時代の天狗は、姿を現す時は鳶や烏に似ていることが多いが、むしろさまざまな姿形をとる悪霊としての性格が強く、人にとりついて意識を狂わせる存在であった。その意味では「魔」の一種であり、「天魔」とも大きく重なる。

そうした「天狗」や「天魔」がとりつきやすいのが、驕慢な人間である。この時代の日本人は驕慢に陥ること、おごり高ぶることを良くないと考える傾向が強かった。しかし、僧は驕慢になりやすい。「自分はすぐれた智者である」「修行では誰にも負けない」などと思っている僧には、たくさんの天狗が寄り集まってきて、天狗道に引きずり込む。あちこちの山の峰は、そうした天狗たちで満ちているというのである。現在でもうぬぼれ、驕慢になることを「天狗になる」というが、こうした由来があるわけである。

延慶本『平家物語』の書き方は抽象的だが、実際に多くの有名人が天狗になったという霊界からの証言もあった。『比良山古人霊託』である。延応元年（一二三九）五月、九条道家に仕える二十一歳の女房に比良山の大天狗がとりついて託宣したのを、慶政《けいせい》上人が書き取った記録という。慶政は九条良経の子息、兼実には孫にあたる高貴な家柄の僧である。大天狗が自分の住む天狗道のことを解説し、それを慶政が聞きとり、書き留めたというわけで、当時の人々には強い信頼感があっただろう。その中に、慈円をはじめとした高僧や九条（藤原）兼実・近衛基通など、慶政自身の近親を含む第一級の貴顕が天狗道に生まれ変わっていると書かれているのは衝撃的だったはずである。そして同書は、天狗道に生まれるのは、「驕慢心、執着心の深き者」であるという。驕慢な人物が天狗道に堕ちるのは避けられないことだということになろう。

他の者が登れない蓮の花の上に自分だけは登ったと夢見る蓮生は、増上慢といわれてもしかたない。また、生身の仏が現れたとか、金色に輝く蓮生を見たと騒ぐ人々は、魔の見せる初歩的な幻覚にだまされている恐れも強い。蓮生とその集団は、魔につけいられやすい典型的なタイプだったともいえよう。法然が、蓮生に対して「魔」を警戒せよと呼びかけたのは、念仏の師として当然のことであった。

『迎接曼荼羅由来記』

もっとも、法然も結局は蓮生の奇瑞を認めたのだという伝えもある。清涼寺蔵『迎接《ごうしょう》曼荼羅《まんだら》由来記』は、熊谷家代々の宝物であったと伝えられる『迎接曼荼羅』の由来を記した文書である。『迎接曼荼羅』は、阿弥陀仏が聖衆を引き連れて来迎するさまを描

『迎接曼荼羅』副本
（清涼寺蔵）

いた絵図で、仏教史的にも美術史的にも重要なものである（「迎接」は、阿弥陀仏が来迎し、引接つまり極楽に救い取ってくれること）。蓮生は、法然から賜った曼荼羅を掛け、その前で往生したと『四十八巻伝』や『九巻伝』に描かれているが、これを指すものだろう。その曼荼羅の由来を記しているのが『迎接曼荼羅由来記』である。

それによれば、先にもふれたように、蓮生が往生するさまを夢に見て注進する人が相次いだ。しかし、法然は、こうしてあちこちから注進が来ると、驕慢の心が起きるのではないかと心配して、「奇瑞があっても、むやみに注進しない方がよい」と戒めた。ところが、その後間もなく、蓮生がみごとな往生をとげるさまを、法然自身が夢に見た。そこで、法然自身が筆を執り、その夢の様子を絵に描いて蓮生に送ったのがこの『迎接曼荼羅』だというのである。そして、法然が夢を見た五年後、その夢と同じ九月五日に蓮生は往生を遂げたという。絵の中には多数の仏たちと楼閣が描かれており、これは上品上生の往生を描いたものと解されている。上品上生の往生をめざした蓮生にふさわしいものである。

もっとも、この『迎接曼荼羅』自体がほんとうに蓮生所持のものだったのかについては、議論が続いてきた。法然が描いて蓮生に与えたというのが、にわかには信じられないというわけである。かつてはこの絵は蓮生の時代よりも新しいものではないか、蓮生が所持したというのは後に作られた説話ではないかという見方が強かったが、現在では、蓮生の時代のものと見てよく、法然が自ら描いたかどうかはともかく、実際に法然の周辺で作られたものであるという見方が有力となっているようである（吉村稔子・中野玄三論文など参照）。法然が上品上生往生の願自体を否定したわけではないという点は、前節に見たとおりである。

ただ、『迎接曼荼羅由来記』では、蓮生の奇瑞に関わる騒ぎを警戒していた法然が、自分も夢を見たことによって全面肯定に転じたかのような描き方だが、これが事実かどうかは留保する必要があろう。曼荼羅は法然の周辺で作られたものだとしても、由来記は蓮生側で作られた可能性が強い。法然は、蓮生の信仰を基本的には肯定しつつも、その危うさにはらはらしながら見守っていたのではないだろうか。この由来記は、そうした法然の複雑な心情を捨象し、蓮生の信仰のすばらしさが法然にも認められたという主張をこめているのではないかと思われる。

5　予告往生

予告往生の失敗と成功

さて、蓮生往生に関する周囲の期待が高まる中、蓮生は自らの往生を予告した。法然伝の伝えるところでは（『四十八巻伝』『九巻伝』共通）、建永元年（一二〇六）八月、蓮生は、地元の武蔵国村岡（現在の熊谷市）の市場に札を立て、「明年二月八日に往生するので、不審がある人は見に来るように」という大胆な予告をした。

『四十八巻伝』では、この直前に、法然が蓮生に「自分の死期を知って往生する人は多いが、こんなに耳目を驚かせるようなことは末代にはあり得ません」という手紙を送ったと書いてあること、その手紙は実際には証空が法然の意を体して書いたものと見られることは、既に述べた。おそらくこれは、蓮生が自らの往生を予告していると知って対処したものであろう。法然の教団は、かねて延暦寺や興福寺からの批判にさらされていた上、住蓮・安楽の醜聞問題が起きて、建永二年（一二〇七）二月、専修念仏を停止、法然は還俗の上で遠流という弾圧に遭っていた（建永の法難）。師の法然が大変な危機にあったさなかに、蓮生はよけいな心配をかけていたというべきか、あるいはもはや法然のコントロールがきかなくなっていたというべきであろうか。

法然の心配どおり、蓮生は大失敗をする。翌建永二年二月八日、伝え聞いた人々が何千何万と集まり、注視する中で、蓮生は高座に登って高らかに念仏していたが、しばらくすると念仏をやめて目を

往生を遂げる蓮生
（『四十八巻伝』〈法然上人行状絵図〉巻二十七）

開き、「本日の往生は延期する。来る九月四日に必ず本意を遂げるので、その日にご来臨たまわりたい」と言ったのである。往生を予告する立て札まで立てて多くの人を集めておいて、当日になって延期とは、何とも恥ずかしい。集まった人々は蓮生を嘲り、蓮生の家族は人に合わせる顔がないと嘆いた。身近な信者集団の中では次々と奇跡を現してきた蓮生が、最後にして最大の見せ場として設定した予告往生に失敗したわけで、それまで築き上げてきたものをすべて失うような大失態である。

ところが、蓮生はこの大失敗にもめげなかった。「阿弥陀如来のお告げによって九月に延期したのであり、私の考えではない」と述べて、九月を待った。八月の末にいささか病気をしたが、九月一日には空に音楽が聞こえ、心身安楽となって、予告した九月四日当日を迎えた。

再び集まった多くの人々の前で、午前十時頃から、蓮生は、法然から賜った『迎接曼荼羅』（前述）を掛け、端座して手を合わせ、高らかに念仏した。すると、念仏と共に息が止まったとき、口から五六寸（一五〜一八センチ）ほどの光を放った。紫雲がたなびき、音楽が聞こえ、異香が漂い、大地が震動した。こうした奇瑞が翌日の朝まで続く中、ついに蓮生は往生を遂げた。その様子は都の聖覚法印のもとに書き送られた。たぐいまれなことであったので、確かに上品上生の往生を遂げたのだろうと噂されたのであった。

以上は法然伝による蓮生の往生だが、『吾妻鏡』は時期も場所も異なる往生を伝える。『吾妻鏡』では、『法然伝』の記す蓮生往生の翌年、承元二年（一二〇八）九月三日条に熊谷直家が父の往生を見届けるために上洛したとの記事があり、同年十月二十一日条には、京都から帰った東重胤《とうのしげたね》による情報として、九月十四日に蓮生が東山の草庵で人々に囲まれ、予告通りの往生を遂げたと記す。『法然伝』の記す建永二年（一二〇七）よりも一年遅く、場所も京都の東山というわけで、大きく異なる所伝である。

『吾妻鏡』の記事

『大日本史料』は、この『吾妻鏡』の記事を熊谷直実の死に関する最も信頼できる史料に採用しているので、それに倣って『吾妻鏡』を史実と見なした書は非常に多い。しかし、最近では、『吾妻鏡』の信頼性を疑い、法然伝の方が信頼できるとする説が多い（梶村昇・林譲・高橋修など）。熊谷直実に関する『吾妻鏡』の所伝は、第1節で見た出家記事の問題でも信頼性が疑われており、それと連動している面もあるが、疑わしいとされる理由を見ておこう。

まず、『吾妻鏡』のように承元二年九月に京都の東山で予告往生を遂げたのだとすれば、都の専修念仏の人々は建永の法難で厳しい弾圧にさらされているさなかである。東山は法然の本拠地だが、法然自身は遠流され、まだ都に戻っても来られない（法然の遠流は一年もしないうちに許されたが、都に帰ることは許されず、摂津国に留まっていた）。そんな時期に、その弟子の一人である蓮生が、東山で派手な予告往生を遂げることができただろうか。万一できたなら、大きな話題となり、都人によって何らかの文献に書き残されているはずだが、そうした記録は何も残っていない。

もっとも、建永の法難に先立つ元久元年（一二〇四）十一月七日、法然の一門が念仏宗への山門などからの批判に応えて制定した「七箇条制誡」には、百九十もの署名がなされたが、蓮生も一日遅れの八日に署名を追記した人々の一人として名を連ねているので、この時には京都にいたのだろう。しかし、先に引いた法然の建永二年（一二〇七）正月一日付熊谷入道宛て書状とされる文書（『鎌倉遺文』一六六三号）には、「京と国とほど遠く候ふ」ともあり、蓮生はこの時には武蔵国にいたと見られる。蓮生は、先に見たように、京都と武蔵国を何度も往復していたと見られる。晩年の蓮生が、自ら感化した信者の集団に囲まれていたと考えられることも、既に見てきたとおりである。多くの人を集めて予告往生をするなどということは、京都ではなく、蓮生の本拠地である武蔵国熊谷でのことであったとするのが自然だろう。

また、これも先にふれたように、『四十八巻伝』によれば、九条（藤原）兼実は蓮生に関する奇瑞の噂を聞いて法然に問い合わせの書簡を送ったようだが、その中に「熊江《くまがえ》の入道、往生をとげずといへども」という一節がある。これは、蓮生が予告往生に失敗したことを指すと見られよう。ところが、兼実は建永二年（一二〇七）四月五日に没している。だとすれば、蓮生の予告往生失敗は、それ以前のことであったと考えられよう。『吾妻鏡』は予告往生の失敗にふれていないが、失敗事件が実際にあったとすれば、予告往生の成功が、それから一年半も後のことであったとは考えにくい。やはり、『法然伝』が記すように、建永二年二月に失敗、同年九月に成功した（その時には兼実は既に世を去っていた）というのが妥当であろう（高橋修）。

その他、『吾妻鏡』承元二年十月二十一日条は、京都から帰った東重胤による情報として記されているが、同日条は蓮生の往生を記した後、九月二十七日の朱雀院焼亡のことを記し、さらにその出火原因は常陸介朝俊が鳩の雛を捕るために松明を持って門に登ったことであったと記す。しかし、朱雀院焼亡の記事は『明月記』に拠ったものと見られ、東重胤による情報ではなさそうである。だとすれば、この日の記事全体が依拠資料の不明なものということになろう（林譲）。

他にも問題はあるが、『吾妻鏡』の蓮生往生記事は信頼できず、蓮生は、『法然伝』が記すように、建永二年九月に武蔵国で亡くなったと見るのが、ほぼ現在の通説といえるのではないか。ただし、この記事については、『吾妻鏡』がなぜこのように記しているのか、何らかの誤りという以上に有力な説明はない。

伝承の世界へ

だが、『吾妻鏡』が史実と食い違い、『法然伝』の方が信用できるとしても、もちろん、『法然伝』の記述がすべて事実といえるわけではない。信者へのリンチなどについては蓮生への批判を織り交ぜてきた『法然伝』も、往生当日の記事では、蓮生が光を放ち、紫雲がたなびき……などと、さまざまの奇瑞を並べ立て、蓮生の往生を手放しで賛美する姿勢で描いている。浄土宗の教団によって書かれた書であるから当然のことだが、どこまでが事実であったかなど、確かめようもない。

結局、ここまで見てきた諸文献は、熊谷直実や法然などの自筆文書を除いて、すべて虚構を含んだものといわざるを得ない。いや、熊谷直実自筆文書に見える夢や奇瑞は果たして「事実」なのだろうかと考えれば、それさえ怪しくなってくる。それはもはや「事実」とは何かという問題でもあるわけだが。

熊谷直実について考えるには、確実な事実を追求するだけではなく、彼に関するさまざまの事柄を現代まで伝えてきた文献がどのような視点に立って書かれているのか、そして私たちがどのような前提に基づいてそれらを読んでいるのかを改めて検討する必要があるわけである。そのようなわけで、次章からは改めて直実の死後に語られた伝承の世界に分け入っていきたい。

第四章　熊谷直実伝の展開

1　熊谷直実と伝承世界——語り手としての直実

熊谷直実は高野聖か

第三章までは、実在した熊谷直実の人生を探るという視点で述べてきた。しかし、そこで主な検討対象としてきた『法然伝』も『吾妻鏡』も、そしてもちろん『平家物語』も、そのまま史実と受け止められるものではない。どの文献にも事実に根ざす要素と「伝承」「伝説」などと呼ぶべき要素とが混在していた。熊谷直実は生前から周囲の人々に奇瑞と強烈な印象を残し、その生涯は早くから虚構性をはらんだ物語として語られていたと見られる。伝承世界の直実を考えるには、そこから出発する必要がある。そして、私たちが持っている直実のイメージは、そうした虚実ない交ぜの伝承世界の中で長い時間をかけて作られてきた「熊谷直実」の影響を必然的に受けている。私たちが「史実の熊谷直実」を考える際にも、実はそうした人物像が無意識のうちに影響している可能性があるので、後代に展開した熊谷直実像をおろそかにしてはならない。

そのような人物像がどのように作られたのかを考えるために、もう一度だけ『平家物語』に戻ってみよう。第二章4節末尾でも引いたように、延慶本『平家物語』は、次のような形で熊谷説話を結んでいた。

> 是よりしてぞ、熊谷は発心の心をばおこしける。法然上人に相ひ奉りて、出家して法名蓮性（ママ）とぞ申しける。高野の蓮花谷に住して、敦盛の後世をぞ訪《とぶら》ひける。有り難かりける善知識かなとぞ、人申しける。

熊谷直実＝蓮生は、「高野の蓮華谷」に住んだというのである。類似の記事は四部合戦状本にもあり、こちらでは出家して高野に籠もったとはあるが、「蓮華谷」とは書いていない。その他の諸本には見られない記事だが、延慶本と四部合戦状本は古い形を保っていることの多い異本であり、両者の共通記事の祖型は鎌倉時代に存在した可能性が高いので、注目される。

「蓮花谷」は、平安末期の高野山に明遍が開いたとされる別所の一つで、高野聖を輩出したことで知られる。平安後期以降の高野聖は、念仏修行に明け暮れると共に、寺院の修造のために寄付を集める勧進聖として諸国をへめぐったとされる。その勧進は、しばしば物語を語る行為を伴ったようである。『平家物語』では俊寛を弔った有王をはじめ、滝口入道として有名な斎藤時頼や生蓮房平宗実などが蓮華谷に住んだとされる（ただしいずれも諸本によって記事がさまざまに異なる）。いずれも、物語的な人物である。蓮生も高野聖だったのだろうか。

高野住山の可能性

後代には蓮生の高野住山を記す文献がいくつかある。時期が比較的早いのは、謡曲「高野敦盛」であろうか。田中允の解説によれば、室町後期、十六世紀前半頃の作という。これについては次節で述べるが、『小敦盛』系の話に基づきつつ、蓮生の高野住山説をふまえて作られたものと見られる。

著名なのは、江戸初期の『高野春秋編年輯録』（高野春秋）であろう。この書では、蓮生は高野山新別所の二十四蓮社友の一人として十四年間住山したが、承元元年（一二〇七）に法然配流のことを聞いて黒谷に戻ったとする。二十四蓮社友とは、二十四時間、一刻に二人ずつ交替で念仏を唱えるために、俊乗房重源が選んで送り込んだ聖《ひじり》たちとして知られる。重源は東大寺大仏を再建したことで著名である。重源のもとには多くの聖が存在し、その中には、大仏再建の勧進（寄付募集）のために全国をめぐった勧進聖もあった。つまり、蓮生は聖たちの代表的存在の一人だったということになるわけである。

だが、承元元年（一二〇七）まで十四年間住山したということは、『吾妻鏡』が記す建久三年（一一九二）の出家の翌年からずっと高野山にいたことになるが、それはあり得ない。第三章3節で見たように、蓮生が初めて法然の教えを受けたのは建久四年（一一九三）あるいは同五年頃と見られ、それからしばらくは法然のもとにいたはずであるし、その後、武蔵国に帰っていた時期も短くないはずである。『高野春秋』の記事は、『吾妻鏡』の記す熊谷直実の出家と建永の法難及び蓮生往生の時期に基づき、その間はほとんど高野山にいたのだということにしてつじつまを合わせた伝に過ぎまい。『吾妻鏡』によりかかっていること自体、根本的に疑わしいといわざるを得ない。

また、江戸前期の『高野山通念集』巻五「知識院」項では、「熊谷次郎直実が遁世して後、名を蓮生と改め、高野山に登り、蓮花谷の傍の知識院で修行したと、『平家物語』に詳しく書いてある」と述べるが、これは「平家物語」諸本を参照したわけではあるまい。蓮花谷の傍の知識院での修行は、次節に見るように、幸若舞曲「敦盛」などに見えるものである。幕末に成立した『紀伊続風土記』も、高野山之部巻六十・貴賤参詣・諸家の条において『新別所由来記』を引き、蓮生は文治の頃（一一八五～一一九〇）に高野山に来て、知識院に住んだなどと記す。知識院は現在「高野山熊谷寺」として現存するが、熊谷直実に関連づけられたのは古い時代ではあるまい。

五来重は、蓮生が二十四蓮社友の一人であったとするのは無理だとするものの、蓮華谷には「鎌倉武士の来隠が多いから、蓮生がある期間止住することはあり得る」「この行動性のある聖が高野へのぼったことだけは事実であろう」と考える。また、水原一も「高野にもある期間住したのは事実であったろう」とする。確かに、蓮生が高野山に行ったことがないと論証することはできない。しかし、第三章3節で見てきたように、蓮生は、初めて法然の教えを受けた建久四年（一一九三）頃から十年余りの間に、京都と武蔵を往復しつつ、武蔵国に小さいながら信者集団を作り上げたと見られる。建永二年（一二〇七）には信者へのリンチを法然に咎められたりしているほどである。高野山に長く定住するような時間があったとは考えにくいというべきだろう。ではなぜ、このような説が生まれるのだろうか。

自称「熊谷直実」の語り

第二章4節でもふれたように、『平家物語』の中には、登場人物を自称する語り手によって語られたような物語が入り込んでいると見られる。たとえば、俊寛の物語は、「私が有王です」と称する語り手が各地で「俊寛の遺骨」と称する骨を見せたり埋葬したりしながら語っていた可能性が強い。また、「巴」を自称する語り手は、各地で義仲の最期を語ったものと見られる。熊谷直実＝蓮生についても、同様のことが想定できるのではないだろうか。つまり、歴史上に実在した熊谷直実とは別の、「熊谷直実を自称する語り手」が自分の経験談として敦盛を討って発心した物語を語ったと想像されるわけである。

水原一は、敦盛を討って発心したと語る語り手を、次のように想定している。

> 聴衆の前でこの形の熊谷説話を語る語り手が、熊谷自身なのである。正確にいえば熊谷自身と思われる、そうした面影を持つ人物だというべきであろうが、それも熊谷自身から説話を継承する事によって熊谷に同化している、甚だ紛らわしい〝熊谷直実〟だったのである。

第一章3節で見たように、宇治川の橋桁渡りの物語も、実在の熊谷直実の体験というよりは二河《にが》白道《びやくどう》の説法を流用した「甚だ紛らわしい〝熊谷直実〟」によって語られた可能性が強いことを、牧野和夫が指摘している。

そのような「熊谷直実」は各地に存在した可能性が強いが、その有力な本拠地が高野山であり、とりわけ蓮華谷だったのではないだろうか。だとすれば、歴史上に実在した熊谷直実は高野聖になっていないとしても、「熊谷直実を称する高野聖」は実在したと考えることができよう。延慶本『平家物語』などの所伝は、そうした自称「熊谷直実」の存在を考えることによって合理的に説明できるのではないか。『高野春秋』などの伝も、史実ではないにせよ、そうした聖たちの消息を伝えていると見ることはできよう。

合戦を語る聖たち

では、なぜそうした自称「熊谷直実」たちが発生するのだろうか。それを考える一つの手がかりが、鎌倉時代末期頃の成立とされる仏教聞書集『一言芳談《いちごんほうだん》』である。その下巻に次のような一文がある。

宝幢院《ほうどういん》本願云、「むかしの上人は、一期《いちご》、道心の有無を沙汰しき。次世の上人は法文を相談す。当世の上人は合戦物語云々」。

高野山の宝幢院本願上人が言うことには、「昔の上人は、死ぬまで、自分に道心があるかどうかを話していた。次の世代の上人は、経典の文言の解釈について議論していた。ところが、今の上人は合戦物語をしている」というのである。

「信仰が篤かった昔に比べて今時の聖たちは……」というよくある慨嘆は別として、上人たちが合戦の物語をしているというのは興味深い。合戦の経験に基づく（と称する）、聞き手の興味をそそる発心談などが、この時期の高野聖たちによって盛んに語られていたと見られるわけである。敦盛を討って発心したと語る「熊谷直実」の「経験談」も、そうした中で語られていたのではないか。第二章4節で見たような笛や篳篥あるいは巻物といった小道具を駆使しての語りも、そうしたものの一つとして想像できよう。あるいはたとえば南都本『平家物語』が、出家後の熊谷直実について「一谷にて無官ノ大夫敦盛とかや名乗し人に組みたりし程、目もくれ心も乱れて覚えし事はなしと、常は申し出て涙を流しけり」と語るのも、そうした「熊谷直実」の生態を伝えるものであるかもしれない。

ともあれ、そうした聖たちの語りは、おそらく一方で『平家物語』に取り入れられると共に、一方では『平家物語』から独立して語られ、発展していったと考えられる。本章次節以下では、中世後半以降の熊谷直実伝の展開を見てゆくが、それらは『平家物語』から派生したものである可能性が強いものの、一方で、『平家物語』の一部としてではなく、『平家物語』の外側で語られていた物語の後継者である可能性も少なくないものであることを念頭に置いて考察されねばなるまい。そもそも『平家物語』そのものが、熊谷直実高野聖説などを含む伝承をふまえて作られていたのである。『平家物語』をその一部として含みこんだ伝承世界の広がりを想定すること、そしてそこからさらに多様な文学や芸能の展開がなされたと想像することが必要であろう。

2　熊谷直実と中世文学——謡曲、御伽草子、幸若舞曲

まず、中世後半、室町時代頃の諸作品からとりあげてみよう。考察対象としたいのは、主に謡曲「敦盛」「経盛」「生田敦盛」、御伽草子『小敦盛』、幸若舞曲「敦盛」である（「謡曲」は能の台本を指す）。

謡曲「敦盛」

これらの中で、現在最も有名なのは、おそらく謡曲「敦盛」であろう。「敦盛」は『申楽談儀《さるがくだんぎ》』に「世子作」とあることから世阿弥作と推定され、世阿弥の能楽論書『三道』にも曲名が見えることから、応永三十年（一四二三）以前には成立していたと見られる。現在も非常に人気の高い曲で、しばしば上演される。

「敦盛」は、蓮生が敦盛を弔おうと須磨に赴き、そこで敦盛の亡霊に出会うという内容の複式夢幻能である。複式夢幻能は、シテが前場では普通の人間の姿で登場するが、後場では亡霊としての姿を現し、生前の事件を回想して語り、舞うといった形式の能である。「敦盛」では、前場のシテは草刈男にまじって登場し、後場では敦盛の亡霊として登場、自らの討死を回想して語った後、「同じ蓮の蓮生法師、敵にてはなかりけり、跡弔ひて賜び給へ」と、蓮生に弔いを求めて消えてゆく。

シテが最後に合戦の記憶を語って舞い、弔いを求めて消えるのは、戦いで死んだ武士の霊を登場させる修羅能の常套だが、「敦盛」が独特なのは、シテの語りを引き出すワキが蓮生であることである。

こうした能のワキが僧であることは多いが、それは「諸国一見の僧」などと称する通りがかりの僧であるのが一般的である。そうした縁もゆかりもない人物が古戦場を訪ねたからこそ、シテの回想を新鮮に聞くわけだが、「敦盛」の場合、ワキの蓮生は自分が敦盛の首を取ったわけだから、敦盛の討死のいきさつは知悉している。今さら敦盛からその時の様子を聞かされる必要も無いはずである。それでも蓮生がワキに設定されるのは、敦盛の物語において蓮生（熊谷直実）が欠くことのできない人物だからというしかあるまい。

能「敦盛」の草刈男たち
（『謡曲大観』）

もっとも、「敦盛」は修羅能ではあるが、合戦の回想は末尾のごく一部で、笛をめぐる話題が多くを占めている。前シテは草刈男にまじって笛を吹き、「樵歌牧笛」について語る。前場はもっぱら笛をめぐる問答であるといってよい。後シテの語りも、一ノ谷の城郭の中で管絃の会を行い、その音が敵兵にも聞こえたという回想が長く、合戦場面は最後にようやく展開されるのである。世阿弥は『風姿花伝』第二・物学条々において、修羅能は「源平などの名のある人の事を、花鳥風月に作り寄せて」作るのが良いと述べているが、まさにそうした作風の典型ともいえる世阿弥らしい曲といえよう。

言い換えれば、『平家物語』の語る熊谷・敦盛説話にはそうした風雅な話題に展開し得る面があり、それを最大限に引き出したのが「敦盛」だったともいえよう。

青葉の笛

なお、現在では敦盛所持の笛を「青葉の笛」と呼ぶことが多いが、第二章3節でも見たように、覚一本などの『平家物語』が描いていた敦盛の笛は「小枝《さえだ》」であった。これが「青葉」と呼ばれるようになったのは、謡曲「敦盛」以降のことと見られる。謡曲「敦盛」の前場に、「小枝・蟬折、さまざまに、笛の名は多けれども、草刈りの吹く笛ならば、これも名は青葉の笛と思しめせ」という句がある。敦盛所持の笛を直接「青葉の笛」と呼んでいるわけではないが、敦盛がこの名の笛を持っていると読むことができる。

佐谷眞木人は、「青葉」はもともと「青竹」「葉二」という二つの笛の名が混同されて生じた名称であること、室町時代には在原業平の笛の名としても流布することなどを指摘すると共に、敦盛の笛は、南北朝期頃から「青葉」に変わっていったと指摘する。その理由としては、『平家物語』に見える「小枝」は、以仁王《もちひとおう》が持っていた笛の名と同一であり、その重複を避けたものと推測している。従うべきであろう。

佐谷眞木人の指摘によれば、明応七年（一四九八）に書かれた須磨寺の勧進状に、既に敦盛の所持した笛として「青葉笛」の名が見える。須磨寺、つまり現神戸市須磨区の上野山福祥寺では、現在も熊谷・敦盛の戦いを立像化した「源平の庭」があり、伝敦盛所持の笛などを展示しているが、その起こりは大層古く、室町時代から既に「青葉の笛」を用いて、熊谷・敦盛説話を題材とした勧進を行っていたわけであろう。これもまた、『平家物語』の周辺に生じた物語の一つである。

謡曲「経盛」

しかし、「敦盛」は世阿弥の個性がよく発揮された曲なのであって、謡曲における熊谷・敦盛説話の全体が「敦盛」によって代表されるわけではない。次に「経盛」(「恒盛」「形見送り」などとも)を取り上げてみよう。「経盛」は、現在では廃曲となっていて、研究に基づく復曲上演を別とすれば一般的には上演されず、本文のみが残る曲である。しかし、『申楽談儀』では「常盛の能」の名で三回にわたって言及され(三・十二・十八)、さらに「何とか出でん円月の、光の陰惜しめ」(十二)と、本文の一節も引用されていて、世阿弥時代にはそれなりの存在感を持っていたことがわかる。第二章4節で見たように、熊谷直実が敦盛の父の経盛に、敦盛の首と遺品を送ったという延慶本などに見える話を、経盛の側から描く現在能である(「現在能」は霊による回想などはなく、現在の時間の流れで展開される能をいう)。

一ノ谷合戦後、鳴門の磯辺にいた経盛夫妻のもとに、熊谷直実からの使が来る。その文には、敦盛を討った顚末と、息子を思う直実の心情が書かれていた。経盛夫妻はそれに感じ入り、直実への返事を託して使者を見送る——という内容である。末尾は、帰って行く直実の使者の船が次第に遠ざかってゆくのを見送る経盛夫妻に焦点を合わせ、「経盛夫婦は見送りて、渚にひれふし給ふ気色、思へばあはれなりけり、思へばあはれなりけり」と結ばれる。

田中允は当初「世阿弥以前の古作と見るべき」とし、その後、「世阿弥作とすれば拙作と云うべく、早く廃曲になったのももっともと思われる」と評した。西野春雄は作者を観世元雅《かんぜもとまさ》(世阿弥の子)と見たが、三宅晶子はこれを批判する。堂本正樹は、観世座では何度か演じられていたに違いないとし、観客の涙を誘う「泣き能」の基本たる普遍性・大衆性を持つとしつつ、「全体としては失敗作」であると評する。

元雅作者説の当否や作品としての価値評価は別として、この説話を父子の心情の通い合いの話題に絞り込んだ「経盛」と、風雅の方向に発展させた「敦盛」の双方が、ほぼ同時代に存在したことは注目に値するだろう。前者は延慶本により強く、後者は覚一本により強く見えた方向の延長上にとらえ得るといってもよい。「経盛」の場合、直実の書状や直実の立場からの語りは少なくないものの、全体としては経盛側の視点をとっており、『平家物語』に描かれたような直実の悲痛な心情が十分に語られているとはいいにくい。だが、この説話を敦盛の風雅よりも親子の情愛においてとらえ、直実と経盛夫妻の心の通い合いを中心においてとらえることが、能の世界でも可能だったことを示しているといえるだろう。

謡曲「生田敦盛」　敦盛に関わる著名な謡曲には、もう一つ「生田敦盛」がある。『能本作者註文』によって金春禅鳳《こんぱるぜんぽう》作とされる曲であり、十五世紀末から十六世紀前半の作と見られる。

「生田敦盛」は、『平家物語』の熊谷・敦盛説話そのものではなく、後日談的な世界を扱う曲である。法然上人が「下り松」（現京都市左京区の一乗寺下り松か）で、二歳ほどになる捨て子を拾った。その子が十歳になった時に、法然が説法の場でこの捨て子のことを語ったところ、その母が名乗り出て、実は敦盛の忘れ形見であったことがわかる。この子は父の姿を夢にでも見たいと賀茂明神に祈り、夢告を得て摂津国の生田の森に行く。生田の森は一ノ谷合戦の大手であり、『平家物語』諸本によれば敦盛が討たれたのは搦手の須磨の浜辺であったはずだが、生田も一ノ谷合戦での討死を意識したものではあろう。敦盛の子はそこで父の亡霊に会う。敦盛の霊は合戦のさまを語り、舞った後、弔いを頼んで消える。

なお、敦盛の子について語る謡曲には、他に第1節でふれた「高野敦盛」もある。敦盛の遺児が高野山に登って蓮生を訪ね、敦盛の最期のありさまを語ってほしいと乞う。それにこたえて蓮生は合戦のさまを語り、すると敦盛の霊も現れて、子との対面を果たし、蓮生の弔いにより成仏したと告げて消えてゆくというものである。田中允によれば十六世紀前半頃の作、伝本は少なくないようだが、「金剛流で上演されたことがあったと思われる」という程度で、現在では廃曲となっている。「生田敦盛」の影響が明らかな曲であり、蓮生の高野在住という所伝により、蓮生を訪ねる先を高野山に設定することによって作られたものであろう。

このように、敦盛の霊と遺児の再会を語る物語は、中世後半から近世初期にかけて流行し、熊谷・敦盛説話の展開の中で重要な一角を占める。

御伽草子『小敦盛』　謡曲「生田敦盛」の前半部は、敦盛の北の方が子を捨て、後に名乗り出るなどの事情について略述している感があるが、この点を含めて、類似の内容をより詳細に記すのが、御伽草子（室町時代物語）の『小敦盛』である。御伽草子は多くの場合、成立年代

敦盛の遺児を拾う法然
（御伽草子『小敦盛』版本挿絵）

不明であり、『小敦盛』も、おおよそ十五世紀から十六世紀頃だろうと推測される程度である。

『小敦盛』によれば、敦盛はこの子が生まれる前に、形見の刀を残して討死した。その後、北の方は男子を産んだが、平家の遺児は探し出して殺されるというので、形見の刀を添えて泣く泣く下り松に捨て、それを賀茂明神に参詣する途中の法然上人が拾ったのだという。真相を知った子が父を尋ねて一ノ谷に赴くという筋立ては「生田敦盛」と同様である。なお、『小敦盛』には数種類の異本があり、熊谷直実が敦盛を討つ冒頭の場面の有無や、この遺児が成人して法然門下の有名な僧、善恵上人（証空）になったとする末尾の一節の有無など、異本によっていくつかの相違がある。

「生田敦盛」と『小敦盛』諸本は基本的に同じ物語であり、さらに人名を異にするいくつもの類話の存在も知られている。両者の共通の母胎となった原話はより早く成立していたと見られる。室木弥太郎は、「おそくとも十五世紀前半まで、大体十四世紀頃に出来た話なのであろう」とする。美濃部重克は、それに賛意を表しつつ、『蔗軒日録《しやけんにちろく》』文明十七年（一四八五）閏三月四日条の「大夫□盛幼子為法然上人后。将容云。小師蓮上法師之□」（□は欠字）という記事が、難解ながら小敦盛の物語のメモであると指摘する一方、現存する『小敦盛』については「常識的には」大永元年（一五二一）以降の成立と見るべきであるとする。また、佐谷眞木人は、法然の伝記の一つである『正源明義抄《しょうげんみょうぎしょう》』に、少年時代の法然が下り松で九条兼実に出会ったという話や、法然が平通盛と小宰相の間に生まれた子を育て、その子は勢観房源智《せいかんぼうげんち》という著名な僧になったという話が見えることを紹介し、『小敦盛』に影響を与えた可能性を指摘している。

『小敦盛』の父と子

敦盛に子がいたという所伝は、『平家物語』諸本にはもちろん見えない。ただ、延慶本などの記す遺品の巻物が、四部合戦状本では恋人からの手紙であり、恋人は平教盛の娘、十四歳であるとされていたことについては、第二章4節でふれた。また、次にとりあげる幸若舞曲「敦盛」では、同様に巻物について述べ、恋人は按察《あぜち》大納言資賢《すけかた》の娘、十三歳であったとする。しかし、これらは敦盛の子については言及しない。一方、『小敦盛』の流布本（御伽文庫本）では敦盛の北の方の名を記さないが、古絵巻系の諸本（天理図書館・慶応大学・早稲田大学など蔵）では、敦盛の北の方を信西の孫、「とうゐんの御むすめ、へんのさいしやう」としている。「とうゐん」は「洞院」あるいは「東院」か。未詳。「へんのさいしやう」は「弁の宰相」か。『小敦盛』本文には四部合戦状本に近い面もないことはないが、関連の有無は不明である。

いずれにせよ、「生田敦盛」『小敦盛』などの物語は、熊谷・敦盛説話からの派生、あるいは熊谷・敦盛説話と別の物語類型を結びつけることにより、敦盛の子を中心とした新たな物語を作り出したものだが、その結果、敦盛とその子という新たな父子関係の物語を創出していることには注目すべきだろう。とりわけ、『小敦盛』においては、子が父を訪ねてゆくと、姿を現した敦盛の亡霊は、その髪をかき撫でて、「若君は、さてこれより都へは上るまじき」（若君は都に帰らず、このままここにいてほしい）と、涙を流す。

印象的なのは、その後、「若君はいまだならはぬ旅のくたびれに、敦盛の膝を枕として、すこしまどろみ給ふ」と、膝枕をする父親が描かれることである。膝で眠る子を見つめながら、敦盛は子の左の袖に一首の歌を書き残し、名残を惜しみつつ去ってゆく。やがて目を覚ました子は、父に抱きつこうとするが、もはやその姿はない。残っているのは五寸ばかりの苔むした膝の骨だったというのである。父親の膝枕は、中世前期頃までの文学にはあまり見られない趣向だろうが、肥留川嘉子は、たとえば『〈常陸国板子村〉念仏大道人崙山上人之由来』や『村松』など、説経・古浄瑠璃には、父親が子に膝枕をする、あるいは膝に抱くという場面が目立つことを指摘し、父の膝が母の乳房ほどではないにせよ、父子の絆の証となっていると述べている。『小敦盛』は、そうした作品の中で比較的早く、子を思う優しい父親の姿を描く佳編として成立したものといえよう。

熊谷直実の視点から父子の愛情を扱っていた『平家物語』諸本や「経盛」と、敦盛の霊とその子の愛情を描く『小敦盛』がどのように関わるのか、明らかではないが、延慶本『平家物語』から「経盛」への展開では、直実の下級武士らしい父性愛だけではなく、貴い身分である経盛及びその妻の敦盛に対する愛情も描かれていたことを考えれば、『小敦盛』も、そうした作品との脈絡を保持していると考えるべきなのかもしれない。

ともあれ、近世芸能における熊谷・敦盛説話は、次節で見てゆくように、敦盛の子、さらには熊谷直実の子という話題に関わるものが非常に多い。その意味では『小敦盛』は熊谷・敦盛説話全体の中で重要な位置を占めているといえるだろう。

幸若舞曲「敦盛」

中世文学の最後に、幸若舞曲「敦盛」を見ておこう。幸若舞曲は、十五～十六世紀頃に流行した芸能で、特に戦国時代の武士に愛されたことで知られる。現在では、舞は福岡県の大江に民俗芸能として伝わるのみだが、詞章は「舞の本」などとして残されている。成立年代はおおむね詳細不明で、「敦盛」の場合も十五～十六世紀頃という程度しかわからない。

幸若舞曲「敦盛」は、内容的には、『平家物語』の敦盛最期に基づきながら、全体に増補を加えて大きくふくらませたものであり、『平家物語』諸本との関係については諸説あるが、佐谷眞木人がまとめているように、延慶本に最も近いものの、部分的には語り本の影響も考えられ、さらに典拠不明の要素も見られるとしておくのが穏当であろう。

たとえば、熊谷直実と敦盛の会話部分については、『平家物語』諸本に比べて長大である。だが、敦盛の美しい顔を見た直実が素姓を尋ね、敦盛は一度は名乗りを拒否したものの、直実の供養の申し出に感じて名乗り、それによって年齢を知った直実が首を取れなくなるという展開は、基本的に第二章４節で見た延慶本と同様である。直実の言葉を引いてみよう。

さては、上臈は、桓武の御末にて御座ありけるや。何、御年は十六歳。某が嫡子の小次郎も、生年

敦盛の首を取って嘆く熊谷直実
（寛永版『舞の本』「敦盛」）

十六歳に罷《まか》りなる。扨《さて》は、御同年に参候ひけるや。かほどなき小次郎、眉目《みめ》悪く色黒く、情も知らぬ東夷《あづまゑびす》と思へ共、我子と思へば不便《ふびん》也。

直実は、延慶本と同様、敦盛の口から十六歳という年齢を聞いて、直家を思い出し、助命を考えるわけである。

ただし、この後に続く言葉は『平家物語』とは内容が異なる。直家は、今朝、戦場で敵の矢を左腕に受け、「矢抜いてたべ」と父に頼んだ。直実は心配したが、「熊谷ほどの弓取り」が敵味方の目の前で子を心配するわけにはいかないと思い、次のように言ったという。

あら、言《ゆ》いに甲斐《かひ》なの直家や。其手が大事ならば、そこにて腹を切れ。又薄手にてあるならば、敵と合ふて討死をせよ。味方の陣を枕とし、私《し》の党の名ばし朽《くた》すな。

父から「重傷ならそこで腹を切れ。軽傷なら敵と戦って討ち死にせよ。私市党の名誉を汚すな」と言われた直家は、父の方を一目見た後、敵陣に駆け入り、それから姿を見ていないというのである。直家のその後については描かれない。直家は軽傷だったが、直実はそれでもひどく心配したと描く『平家物語』とは全く異なり、息子を戦いに駆り立てる父親の姿が描かれるわけである。

現代の読者が思い描く「武士の父親」は、むしろこうした姿に近いかもしれない。武士としての名誉のために討死を命ずる、このような父親像の登場には、大きな変化を見てとらねばならないが、その前に、幸若舞曲「敦盛」についても、もう一つ見ておくべきことがある。

「人間五十年」

幸若舞曲「敦盛」の描く熊谷直実は、「我が子の直家に思ひ替へ」て敦盛を助けようとするが果たさず、敦盛の死骸に文を添えて経盛に送る。この点は延慶本などの『平家物語』や謡曲「経盛」と同様だが、幸若舞曲「敦盛」は、その後も詳しい記述を展開する。直実の書状を受け取った平家一門、とりわけ経盛の様子を詳しく描く点なども注目されるが、紹介しておくべきは、経盛からの返状を読んで直実が発心する場面であろう。直実は、

思へば、此世は常の住処《すみか》にあらず。草葉に置く白露、水に宿る月より猶あやし。金谷《きんこく》に花を詠じ、栄花は先立て、無常の風に誘はるる。南楼の月をもてあそぶ輩も、月に先立つて、有為《うい》の雲に隠れり。人間五十年、化天の内を比ぶれば、夢幻のごとくなり。一度生を受け、滅せぬ物のあるべきか。これを菩提の種と思ひ定めざらんは、口惜しかりき次第ぞ。

と思って、出家を決意したという。

「人間五十年、化天の内を比ぶれば、夢幻のごとくなり」は、有名な句である。「人生五十年」などと誤って用いられることもあるが、人間の寿命が五十歳だという意味ではない。我々の生きている人間界の五十年は、化天（化楽天）という天上界の悠久の時間に比べると、一瞬のうちに過ぎ去ってしまう、夢や幻のようにはかない時間に過ぎないという意味である（「化天」を「下天」とする本文もあるが、いずれにせよ天上界のことで、同様の意味になる）。たとえば、浦島太郎が竜宮城で三年過ごした間に、人間界では何百年もの時間が経っていたという話があるように、異界では時間の流れが異なる。仏教でいう天上道の世界に比べれば、人間界の時間はごく短いものに過ぎず、そのようなはかない生にこだわってもしかたない、というわけである。

この句が現在も有名なのは、織田信長が桶狭間の戦いに出陣する直前に、この一節を舞ったとされるためである。『信長公記』首巻は、次のように描く。

此時、信長、敦盛の舞を遊ばし候。「人間五十年、下天の内をくらぶれば、夢幻のごとくなり。一度生を得て滅せぬ者のあるべきか」と候て、「螺《かひ》ふけ、具足よこせよ」と仰せられ、御物具めされ、たちながら御食をまいり、御甲《かぶと》をめし候て御出陣なさる。

信長は「人間五十年……」の一節を舞うと、直ちに法螺貝を吹かせ、甲冑を身にまとい、立ったまま食事をして、そのまま出陣したというのである。「敦盛」を舞うことで決死の覚悟を固め、闘志が頂点に達したところで一気に出陣する姿を描いて印象的である。戦国大名が幸若舞曲を愛したこと、そして、「敦盛」のこの一節が、本来は現世に執着することのはかなさを歌うものでありながら、逆に、「どうせはかない人生なのだから、今この一瞬に生死を賭けよう」という果敢な精神に転用され得たことを示している。

近世的武士像へ

さて、織田信長から熊谷直実に話を戻そう。幸若舞曲「敦盛」の描く直実は、出家を思い定めると、直ちに都に帰って、獄門にさらされていた敦盛の首を盗み（幸若舞曲では直実が経盛に送ったのは首ではなく、長門本『平家物語』と同様に遺骸であり、首はさらされていた）、火葬してその骨を首にかけ、法然上人を訪ねて出家し、しばらく黒谷に籠居した後、高野山に登ったという。高野山では奥の院に敦盛の骨を納めた後、蓮花谷の傍らに知識院という庵を結び、行い澄まして八十三歳で大往生を遂げたという。前章で見てきたような直実（蓮生）の実伝からは遠いが、典型的な高野聖の姿を示しているといえよう。

前節で見た高野聖・蓮生の姿は、このように、中世末頃の伝承世界で完成していったようである。幸若舞曲「敦盛」は、そうした高野聖・蓮生像の完成を示しているわけだが、同時にもう一つ、息子の直家に対して、武士としての名誉のために討死を命ずる場面があることにも注意しておきたい。敦盛との会話によって年齢を知り、討てなくなってしまう展開や、経盛との書状のやりとりなど、幸若舞曲「敦盛」は、延慶本のような『平家物語』本文によって作られたと見られるが、息子を愛する下級武士の素朴な愛情を描いていた延慶本とは大きく異なる、武士の名誉のために息子を突き放す父親像が見えるわけである。それは、武士としての忠義によって息子の命を差し出す、近世の浄瑠璃「一谷嫩《ふたば》軍記」の熊谷直実像に近づく方向を、僅かながら見せていると見るべきなのかもしれない。それは次節で改めて検討する。

以上、中世後半の文学・芸能における熊谷・敦盛説話の展開を見てきた。高野聖としての蓮生像の展開もあれば、風雅な敦盛像の発展や、優しい父親としての敦盛霊の物語、剛直な父としての熊谷直実像など、その展開は既に多様である。そして、そのような中世熊谷・敦盛説話を基盤としつつ、近世文学・芸能としての熊谷・敦盛説話は、はるかに多様な展開をとげてゆく。

3 熊谷直実と近世芸能——浄瑠璃、歌舞伎

近世芸能と熊谷直実

続いて近世（江戸時代）の文献に見える熊谷直実について見ていくこととしよう。ただし、一般的な問題として、近世の文献はそれ以前の時代に比べて、はるかに多く残っている。現在残っている古典籍の大部分が近世のものである。何を取り上げても膨大な量があり、熊谷直実に関わるすべての文献を見てゆくことはとうていできない。ここでは芸能と俗伝（通俗伝記）の二つに分け、それぞれ重要な作品や興味深いものを拾って見てゆくこととしたい。

本節では近世芸能、主に浄瑠璃及び歌舞伎を取り上げる。熊谷直実を扱う近世芸能として、現在有

名なのは何といっても浄瑠璃「一谷嫩《ふたば》軍記」だろうが、これは江戸中期、十八世紀半ばの作品である。まずは、それ以前から存在した多くの浄瑠璃・歌舞伎について、簡単に見ておく。

なお、「浄瑠璃」とは、中世末期に流行した語り物『浄瑠璃御前物語』（浄瑠璃十二段草子などとも）による名である。薬師の申し子である浄瑠璃御前（浄瑠璃姫）と義経の恋を語る物語だが、これが語り物として大流行したことにより、語り物一般を「浄瑠璃」と呼ぶようになった。それが十六世紀後半に三味線の伴奏を伴うようになり、さらに、十七世紀に入って人形遣いと結びついて人形浄瑠璃となる。一六八〇年代以降、竹本義太夫と近松門左衛門によって、人形浄瑠璃は全盛期を迎える。現在では大阪に残った文楽座に基づく国立文楽劇場をはじめ、各地の人形座などで上演され続けている。

一方、「歌舞伎」は、十七世紀初め頃に興った歌舞伎踊りを源流とし、遊女歌舞伎・若衆歌舞伎を経て十七世紀半ばには男優のみが舞台に上がる野郎歌舞伎となり、以後、演劇として定着する。現在も伝統芸能の代表的存在であることは周知の通りである。ただし、大まかにいって十八世紀には人形浄瑠璃の方が人気があったので、歌舞伎として上演される演目は本来は浄瑠璃台本として書かれたものが多い。

古浄瑠璃「こあつもり」

右に見たように、人形浄瑠璃は十七世紀末に竹本義太夫と近松門左衛門によって全盛期を迎えるが、両者が結びついて旺盛な活動を展開するよりも前の浄瑠璃を古浄瑠璃と呼んで、それ以後の浄瑠璃と区別する。また、中世末期に流行した説経節《せっきょうぶし》と結びついた説経浄瑠璃もあり、台本が残されている。語り物の台本としての本文からは、古浄瑠璃と説経浄瑠璃を必ずしも分明には区別できない。

近世初期の熊谷・敦盛説話を扱った芸能としては、まず、古浄瑠璃ないし説経の「こあつもり」を挙げるべきだろう。『古浄瑠璃正本集』に収められた「こあつもり」では、一ノ谷合戦で熊谷直実が敦盛を討つ場面から始まり、下り松に捨てられ、法然上人に拾われた敦盛の遺児が、賀茂の明神の夢告によって生田を訪ね、父敦盛の霊と会う。父の膝枕でしばしまどろむが、目を覚ますと父は歌を残して消えていた。若君は法然のもとで出家する——といった内容は、基本的に御伽草子『小敦盛』を継承したものである。ただ、熊谷直実が「それにんげん五十年、げてんのうちをくらぶれば、ゆめまぼろしのごとくなり」と思ったという記述や、敦盛の妻を「すけかたのきやうのひめ」(資賢卿の姫)とするなど、幸若舞曲「敦盛」の影響もはっきり見せている。

熊谷の娘たちの物語

一方、親子関係を扱うとはいえ、『小敦盛』とは異なり、熊谷直実の子供たち、特に娘を中心に扱う一群の作品も、十七世紀に存在する。まずは、説経浄瑠璃「熊谷先陣問答」(「くまがゑ」)を挙げるべきだろう。

「熊谷先陣問答」は、熊谷直実の娘「かつらの前」を中心とした物語である。一ノ谷合戦での先陣と敦盛討ちによって所領を得た後、直実が突然出家遁世したために、息子の直家とその妹かつらの前は、平山季重と結託した継母に家を追われる。直家は「おぢ」(母の兄)である岡辺六弥太忠澄を頼って能登国へ落ちる(岡辺は武蔵国の武士だが伯父とする点は虚構だろう)。一方、かつらの前は尼の姿となって継母の実子「玉鶴」と共に旅に出るが、玉鶴は善光寺に着いたところで亡くなる。かつらの前がそれを嘆いていると、直実に偶然再会するが、互いにそれとはわからない。娘の名乗りを聞いた直実が煩悶しつつも自分の名を明かさない場面が大きな山場であり、これは説経「かるかや」に類似する（室木弥太郎などに指摘あり）。その後、かつらの前は能登国で兄直家と再会し、岡辺六弥太の力で平山季重を退け、父の所領を回復する。かつらの前は都の「五条の中将としざね卿」に嫁ぎ、黒谷で暮らす父の先途を見届けたというハッピーエンドとなる。

　このように熊谷直実の娘を登場させる物語は、「大原問答」「念仏往生記」へと継承される。「大原問答」は原作が既に失われ、現存本はやや内容が異なるようだが、それをさらに改作したのが「念仏往生記」と見られる。また、これを近松作とする説の真偽が問題となるなど、問題の多い作品だが、いずれも十七世紀後半の作であろう。内容は右の「熊谷先陣問答」にやや類似し、その影響を受けたものであろう（佐谷眞木人に指摘あり）。ただ、直実の子供たちは「清姫」と弟「小太郎」（小太郎種直）であり、「直家」を登場させていた「熊谷先陣問答」に比べて、史実の直実からは一段と離れている。

　内容はおおよそ次のようなものである（「念仏往生記」による）。一ノ谷合戦の後、直実は出家遁世する。その後、母を失った清姫と小太郎は、父を尋ねて都へ上るが、途中、人商人に捕らえられ、平山季重に助けられる（平山は本作では善玉である）。都に上った姉弟は黒谷を訪ねるが、父は修行に出たと言われ、善光寺に向かう。途中で小太郎は病となり、偶然に父の庵を訪ねたところで亡くなる。小太郎の死を嘆く清姫に、父は煩悶するが、名乗らずに小太郎を弔う。ところが、そこに通りかかった平山が蓮生に挨拶したため、清姫は目の前の僧が父であると知り、父を恨む。平山は清姫に父を恨むなと諭し、清姫は自分の息子とめあわせるから心配せずに修行せよと蓮生（直実）に告げる。蓮生は殺生などの罪を責める鬼たちや敦盛の亡霊に悩まされるが、念仏の力でついに往生を遂げる。これらもまた、父子恩愛の物語として熊谷・敦盛説話を継承した作品であった。

なお、この物語を草双紙（絵入り読み物）に仕立てた作品に、『須磨浦青葉笛』（宝暦十一年〈一七六一〉刊）がある。

熊谷・敦盛の男色と「大原御幸」

十七世紀末頃の古浄瑠璃や歌舞伎には、熊谷直実と敦盛の関係を男色として描くものもあり、熊谷・敦盛説話の多様な展開を示している。古浄瑠璃「大原御幸」と歌舞伎「一のたにさかおとし」を紹介しておきたい。

まず、古浄瑠璃「大原御幸」は、元禄初期（一六九〇年代頃）の作かとされる（『古浄瑠璃正本集加賀掾編』解説）。冒頭、一ノ谷合戦で熊谷直実が敦盛を組み伏せ、首を取ろうと兜を押しのけたが、美しい敦盛の顔を見た直実は「つとんとこしをぬかし」、助けようと申し出る。直実は、「誠にあづまのあら夷、衆道《しゆだう》も恋もふつつかに、やさしき事はすべしらねど、どうもたまらぬ我が思ひ、せめて一夜のお情けには……」云々と口説くのである（「衆道」は男色の意）。

『平家物語』でも覚一本などでは一目惚れにも似た描写が見られ、男色としての現代の読解も存在することは、第二章3節でふれたとおりだが、それは既に近世芸能の世界に存在した趣向だったわけである。日本文化は伝統的に男色への否定的意識が希薄である。武士の男色は、『平家物語』ではあまり明確には描かれないが（佐伯真一「『平家物語』における男色」）、近世には西鶴『男色大鑑』などで盛んに取り上げられた。そうした状況の反映が見られるわけである。

さて、「大原御幸」では、敦盛は直実の口説きを受け入れず、首を取れと命じたので、直実は泣く泣く敦盛を討ち、出家する。一方、子息直家は、美女「さつき」と恋仲になり、一ノ谷の近くに住んでいた（本作では、直家は敦盛そっくりで見間違えられるような美少年である）。成田五郎の讒言により、直実を処罰することになったという噂を聞いて、直家はさつきとその父弥三太と共に、父への嫌疑を晴らそうと上洛する。その途中、偶然に直実（蓮生）の庵を訪ね、父子の再会を果たす。直家たちと共に上洛した蓮生は、土肥実平の助力を得て、義経の面前で成田五郎の虚言をあばき、直家は本領安堵を許され、弥三太は摂津国で三百町の所領を得るという結末である。

なお、五段構成の第三段には後白河院の大原御幸の物語があり、「大原御幸」の題はそれによるものだろうが、それ以外の四段を占める熊谷父子の物語とは内容的に結びついていない。

鈴木春信の描く敦盛と熊谷直実の浮世絵（神戸市立博物館蔵）
（無題だが，直実が敦盛を口説いている図に見える）

「一のたに　さかおとし」「大原御幸」は、冒頭の合戦場面で熊谷直実の敦盛への思いを男色として描いていた。だが、首を取って以降は、直実が出家し、直家らが蓮生を尋ねて再会するという「熊谷先陣問答」などに類似した展開となり、男色の思いはそれ以上発展しない。しかし、熊谷・敦盛の男色関係をより強く展開させた作品もある。歌舞伎「一のたにさかおとし」は、元禄四年（一六九一）初演（『歌舞伎年表』）とされる。狐も活躍する奇想天外な物語である。

まず、伊賀平内左衛門に追われて敦盛の館に逃げ込んだ白狐を敦盛の北の方「紅葉の前」が助ける。直実は敦盛の笛の音にあこがれて恋文を書き、返歌をもらってその館を訪ねる。そこにいたのは敦盛に変装した紅葉の前だったが、直実はそれと知らず、衆道兄弟契約の固めの盃を酌み交わす。そこへ敦盛が帰ってきて敦盛が二人いると混乱するところに、平山季重の軍勢が攻めて来て、敦盛の首を取る。しかし、首を取られたのは、敦盛に化けた狐であった。紅葉の前に助けられた狐が、恩返しをしたのである。紅葉の前は黒谷へ逃げ、敦盛は直実にかくまわれる。平山は義経の前で敦盛の首を披露するが、それは狐の首だったので恥をかき、義経に勘当される。直実は、逆恨みで逆上する平山を討ち取り、平山の弟「くま次郎」に襲われるが、敦盛と手に手を取って逃げ延びる。一方、悪七兵衛景清は農民を装って生田の里の「おきく」と夫婦になっていた。おきくの父が平山くま次郎に所領を奪われ、平山を討ってくれと訴えるので、景清はそれに応じようとしたが、実はおきくは敦盛の身替りとなって平山に討たれた狐の娘で、その復讐を狙って幻を見せていたのだった。景清はそれと知った上で、狐狩りに来たくま次郎を討つ。最後に義経と静御前が登場、東へ落ちる相談をしているところに、梶原に追われた直実と敦盛がやって来る。直実と敦盛は義経らと共に梶原を討ち、義経は無事に奥州へ落ちていったとして終わる。

直実は敦盛を殺さず、出家もしない。衆道の仲となって手を取り合って逃げ延び、最後には義経と共に梶原と戦うという異色作である。全体としてまとまっているとはいえないが、狐による身替わりや幻覚の趣向を駆使して、見ていた場面が次々とひっくり返される、息をもつかせない展開を生命とするのだろう。直実と敦盛（実は紅葉の前）が盃を交わす場面などは、一ノ谷合戦の最中なのかどうかもわからないなど、現実感には乏しいが、こうした空想的な物語も近世芸能の一面というべきだろう。熊谷・敦盛説話の多様な展開を示す一例である。

「源平花いくさ八つるぎでん」

錦文流《にしきぶんりゅう》作の浄瑠璃「源平花いくさ八つるぎでん」は、元禄十四年（一七〇一）以後の成立か。内容は、熊谷直実より、むしろ子の熊谷直家を中心としたものである。

直家は合戦前に一ノ谷の平家の城郭に忍び込み、敦盛の北の方に命を助けられ、報恩を誓う（このあたり、現存本には乱丁があり、話の詳細がわかりにくい）。戦場で敦盛と出会い、連れ立って逃げようとしていると、直実が、遠くから敵と見誤って直家を射殺してしまう。直実は近寄って誤りに気づき、敦盛と会う。敦盛は殺してくれと言い、梶原も追いついて咎めるので、直実はやむなく敦盛の首を取る。愛する息子と敦盛の両方を殺した直実は出家する。敦盛の北の方は懐妊していたが、敦盛を追って須磨へ赴き、そこで平家の敗戦と夫の死を知る。絶望の中、一人で出産を迎えようとした時、敦盛の亡霊と出会い、その助けを得ながら男子を生む。その夢の中に敦盛の霊が現れ、自分は既に死んでいることを告げ、「子を憎にして私を弔ってほしい、ただし私は熊谷直実の供養のおかげで修羅の苦患は免れている」などと語る。その後、敦盛の塚の前で北の方が泣き伏していると、蓮生が通りかかり、話を聞いて驚き、共に供養する。末尾に「判官いろあそび」の段があるが、熊谷・敦盛の物語と内容的にはつながっていない。

この作品の特色は、直実が誤って直家を殺してしまうという点にあろう。父子の情愛を基点とする熊谷・敦盛説話において、直実が直家を殺すということはあり得なかった。本作では、見間違えにせよ、直実が直家を殺すという趣向の初出と見られる。この点は、「一谷嫩軍記《いちのたにふたばぐんき》」に影響を与えた可能性が考えられる。

なお、歌舞伎「子敦盛一谷合戦」（延享三年〈一七四六〉、大坂・嵐三右衛門座上演）は、台本が残っていないが、児玉竜一は、『許多脚色帖《あまたきやくしよくじよう》』所載の絵づくしによって、「小次郎なをいへ　あつもりをおとし　身にかはり　矢にあたる」「くまがへなをざね　平家のきんだちと心へ　矢をゐて　我子ゆへおどろきしうたんする」という内容があったことがわかると指摘している。直家がわざと敦盛の身替わりになったように解されるが、直実が誤って直家を射殺し、驚き愁嘆するという点では、「源平花いくさ八つるぎでん」に似た筋立てであったことがわかる。

「須磨都源平躑躅」

浄瑠璃「須磨都源平躑躅《すまのみやこげんぺいつつじ》」は、文耕堂・長谷川千四合作、享保十五年（一七三〇）、大坂竹本座初演。別名「魁源平躑躅《さきがけげんぺいつつじ》」「源平魁躑躅《げんぺいさきがけつつじ》」。忠度と岡辺六弥太の物語を中心に、熊谷と敦盛の物語や、さらに豊後の尾形兄弟や重衡の物語をもからめた作品である。ここでは熊谷・敦盛関係部分のみ紹介する。

全五段構成で、熊谷・敦盛は第二段・第四段に登場する。第二段では、敦盛は扇屋の若狭にかくまわれ、女装して小萩と名乗っていた。敦盛には「品照姫《しなてるひめ》」という妻がいたが、扇屋の娘「桂子《かつらご》」は敦盛に恋していた。若狭が青葉の笛を手に入れて敦盛を須磨へ逃がそうとしている時、悪役の「阿根《あね》輪《わの》平次光景」が扇屋を急襲し、敦盛を捕らえようとする。女たちを一人一人調べ、あわや敦盛の正体が露顕しようとした時、たまたま客として居合わせた熊谷直実がかばう。桂子は自分の首を取らせ、敦盛の首と称して差し出す。娘を敦盛の身替わりに差し出した若狭夫婦は出家する。敦盛は直実に首を取れというが、直実は戦場で出会ったのでなければ首は取らないと、敦盛を逃がす。

　第四段では、敦盛の妻品照姫が忠度の恋人「裡菊《うらぎく》」と共に須磨へ向かう。直実は敦盛を討ち取り、義経に出家を願い出て許される。品照姫は直実を襲うが難なくかわされ、直実は出家の身であることを明かす。そこへ、阿根輪平次が来て品照姫を捕らえようとするが、直実は阿根輪平次を討ち取り、去って行く。

　この作品では、扇屋若狭が自分の娘桂子の首を敦盛の身替わりに差し出す点が注目される。桂子はせめて一夜敦盛と寝て夫婦になっていれば思い残すことは無かったのに、と言いながら父に首を差し出すのであり、その女心や父母の苦悩が観客を泣かせるところだろう。直実が敦盛を討ったことに苦悩する理由は今ひとつ伝わらないが、本作も「一谷嫩軍記」に影響を与えた重要な先行作品であろう。なお、本作や「源平花いくさ八つるぎでん」の「一谷嫩軍記」への影響については、内山美樹子や児玉竜一などに詳細な指摘がある。

歌舞伎「一谷嫩軍記」上演ポスター
（国立劇場，2016年）

「一谷嫩軍記」の世界

以上のような諸作品の展開過程を経て、ようやく「一谷嫩軍記」にたどり着く。熊谷・敦盛説話に関わる浄瑠璃で最も著名と思われ、現代人の熊谷直実理解にも大きな影響力を持っていると思われる作品である。宝暦元年（一七五一）大坂豊竹座初演。並木宗輔が三段目までを書いて没し、浅田一鳥・浪岡鯨児・並木正三・難波三蔵・豊竹甚六が四・五段目を補った合作とされる。特に有名で、現在もしばしば上演されるのは、三段目・熊谷陣屋の段である。

本作では、敦盛は白河院の落胤であるとされる（白河院は一一二九年没で時代が合わないが、『平家物語』に清盛が白河院落胤であるという説があるのを受けたものであろう）。そこで、その命を助けようと思う義経の意志が高札によって暗示され、その心底を察した熊谷直実は、敦盛を討ったように見せかけて助け、身替わりに息子の小次郎直家の首を切り、実検に供した後、出家する――という筋立てに、悪役の平山李重や梶原景時、善玉の石屋の弥陀六（実は弥平兵衛宗清）、直実の妻「相模」や敦盛の母「藤の局」などがからんで、重層的に仕立てられた興味深いストーリーが展開される（なお、相模はかつて熊谷直実との不義が露顕した際に藤の局に助けられて関東に下り、小次郎を生んだものであるとされる）。

熊谷・敦盛説話の展開の中で本作が注目されるのは、何と言っても直実が息子の直家を殺してしまうという点であろう。何度もいうように、熊谷・敦盛説話の原点は、息子を愛する武士である直実が、息子と同年齢の敦盛を殺せないという煩悶にあった。その父性愛は、後に多様に展開したさまざまの物語にも受け継がれてきた。しかし、「一谷嫩軍記」に至って、直実はついに忠義のために息子を殺し、その首を差し出すのである。実在の直実が生きた時代の武士たちにはおよそ想像もつかない世界であり、父性愛の説話としての出発点から見れば、一八〇度逆とさえいえるような変貌をとげたともいえよう。

身替わりの趣向

自分の息子の首を斬って差し出すという「一谷嫩軍記」の物語を理解する上で、まず考えておかねばならないのは、浄瑠璃などの近世芸能における身替わりの趣向である。右に見た範囲でも、「須磨都源平躑躅」では、脇役ながら扇屋若狭が自分の娘桂子の首を敦盛の身替わりに差し出すという趣向が見られたし、「一のたにさかおとし」では狐の身替わりも見られた。

身替わりは演劇として興味深い趣向であり、浄瑠璃や歌舞伎において非常に好まれ、多用された。たとえば、「菅原《すがわら》伝授《でんじゅ》手《て》習《ならい》鑑《かがみ》」（延享三年〈一七四六〉初演）は、「菅丞相」（菅原道真）に恩を受けた四郎九郎の息子たち、梅王丸・松王丸・桜丸の物語を中核とする。特に有名なのは第四段の寺子屋の段である。藤原時平は、菅丞相の若君「菅秀才《かんしゅうさい》」をかくまっている武部源蔵に菅秀才を討てと命じ、松王を検分に遣わす。菅秀才の首として差し出されたのは、実は松王の子・小太郎の首だったが、松王は菅丞相の恩に報いるために、我が子の首を菅秀才の首と認めるのだった。我が子の首を見つめつつ、何事も無かったように振る舞う松王の内心の葛藤が見せ場となる。松王は自ら我が子の首を斬るわけではないが、恩人の子を守るために、身替わりとして我が子の首を差し出すという点では、「一谷嫩軍記」の熊谷直実とよく似た話である。

この寺子屋の段で、菅秀才の首を渡せと迫られた武部源蔵が、「暫くはご容赦」と別室へ向かう場面で、厳しい使者を装っている松王は、「生顔と死顔は相好が替るなどと、身代りの贋首、ヤモ夫《それ》もたべぬ。古手《ふるて》な事して後悔すな」と声をかける。つまり、「『死んでしまうと人相が変わる』などとごまかして、別人の首を出してくるようなインチキは通用しないぞ。使い古した手段を使おうとして後悔するな」というのであり、「身代りの贋首」は、「古手な事」とされているわけである。

原道生はこの点に注目し、「身代りの贋首」が演劇としては使い古された手法、「近世演劇にとっての主要な定型の一つとして確立されるに至っていた」と指摘し、そのような手法はどのように確立したのか、古代からの「身替り」の歴史を広い視野から考察している。身替わりは近世演劇の定型であるという点は、「一谷嫩軍記」を考える上でも、まず確認しておくべきことであろう。

子殺しの物語

だが、「一谷嫩軍記」の問題は、単なる「身替わり」の趣向ではなく、忠義のための子殺しを描くところにある。主君への忠義のために我が子を身替わりにするという物語は、近世演劇以前から存在する。幸若舞曲「満仲《まんじゆう》」などで知られる多田満仲《ただのみつなが》の物語である。多田満仲は清和源氏の祖として知られる十世紀の人物だが、物語は事実とは考えられない。

幸若舞曲「満仲」では、満仲は末子の美女御前を寺に入れるが、美女御前が修行をせず、『法華経』も読めないことに怒り、家臣の仲光に成敗を命ずる。仲光は美女御前の身替わりに我が子・幸寿丸の首を切る。美女御前はこれによって深く反省し、源信の弟子となって修行し、やがて円覚という立派な僧となって父母と再会した。美女御前の死を悲しんで目を泣き潰してしまった母も仏の力で目を開き、満仲は仲光の忠義に感じて所領の半分を与え、幸寿丸の菩提を弔うために小童寺を建立、本尊には稚児文殊を作ったというのである。

「満仲」の物語が近世演劇に広く影響したことについては、早川由美や原道生が指摘している。中世には謡曲「仲光」や絵本『ただのまんぢうのものがたり』(小林健二紹介)などを生んでいる。この物語の原型は、さらにさかのぼって、十四世紀に遡ると見られる。岡見正雄によって紹介・翻刻された説教台本『多田満中』が存在するからである。この台本は、幸寿丸を呼び出した父仲光が息子の首を斬る時には悲しみにくれるなど、忠義と愛情の間で葛藤する心理を十分に描いている。主君のために我が子を殺す(身替りにする)物語は、近世を待つことなく、十四世紀には確実に存在したことになる。

だが、注意すべきは、満仲の物語は本来、仏教説話だということである。この書の末尾は、次のように結ばれている。

満仲、幸寿丸が菩提を訪はん為、少童寺と云ふ寺を建て、本尊には児形を模して文殊を造り、師子に乗らしむ。我朝に児文殊と申すは此の時より始まると云ふ。（原本はカタカナ交じり）（満仲は、幸寿丸の菩提を弔うため、少童寺という寺を建て、本尊には児の形を模して文殊を造り、師子に乗らせた。我が国で児文殊《ちごもんじゅ》というのは、この時から始まったのだということだ）。

つまり、この書は「少童寺」の「児文殊」の由来譚の形となっているわけである。向井芳樹は、身替りの歴史を三段階に分け、第一段階は人柱や人身御供など、第二段階は仏教説話などの利生譚的なもの、第三段階が忠義の身替りの物語であるとしていた。「満仲」は、神仏が人間に代わって苦を受ける、代受苦の物語の残影を引きずっていると考えられ、この物語から直ちに現実の武士の生態を考えることには、慎重な態度が必要であるといわねばならないだろう（佐伯真一「熊谷・敦盛説話の近世的変容」）。

主従観念の変化

では、現実の武士は、いつ頃から主君のために息子の命を犠牲にすべきだと考えるようになったのだろうか。あるいは人々が、武士をそのような存在と見るようになったのだろうか。『平家物語』の世界では、武士が自分自身の功名・恩賞のために戦っているのは、説明の必要もない自明の理である。戦場で主君のために命を捨てたと描かれる武士は、義仲の乳母子・今井四郎兼平や義経の従者・佐藤嗣信をはじめ、軍記物語に多く描かれるが、それは乳母子などの強い個人的な紐帯を意識した武士の場合であり、抽象的な忠義の道理によるものではない。主従関係は武士によってさまざまであった。

今川了俊『難太平記』によれば、延元三年（一三三八）の青野原合戦において、米倉八郎左衛門は、主君の今川範国の消極的な戦いぶりに腹を立て、「斯《か》くのごとき嗚呼《をこ》がましき大将をば、焼き殺すにしかず」と言って、隠れていた小家に火を付けたという。主君に対してこんな行動に出る武士もいたわけである。

しかし、一方、室町軍記の『明徳記』下巻には、明徳三年（一三九二）に細川頼之が死んだ際、三島外記入道が追腹を切ったとして、「病死の別れを悲しみて、正しく腹を切りて同じく死の径《みち》に趣く事、未だ聞きも及ばぬ振舞かな」と、人々が讃えたと記す。実際、戦場で主君の後を追う討死などは別として、病死した主君への追腹は、これが史上最初ではないかとされる（『国史大辞典』「殉死」項）。軍記物語の中に、主君に一方的に命を捧げる武士が登場したわけである。この後、十七世紀に殉死が増加することは、主従観念の変化を示すものであろう。

戦闘形態は、熊谷直実が坂落実行部隊から勝手に抜け出して功名をめざしたような自由な戦いから、上官の命令通り組織的に戦うものへと変わっていった。また、武士の存在自体が、在地に根ざした小領主から、城下町に住んで主君に仕える奉仕者へと変わっていった。そうした武士のあり方の変化が、近世に普及した儒教道徳の忠義の観念と結びついて、主従観念の変化をもたらしたのである。

『一谷嫩軍記』の直実

そうした時代には、『平家物語』の熊谷直実のように、息子を愛するあまり敵を殺せなくなる父親の姿は批判されるようになっていた。たとえば、慶安三年（一六五〇）に刊行された『平家物語評判秘伝抄』（作者未詳）である。この書は巻十八で、熊谷直実の敦盛助命を次のように批判する。

熊谷、敦盛を見まいらせ、我子の小次郎が事を思出してたすけんとおもふは、愛《あひ》におぼれて不忠《ちう》たるべし。され共、敦盛の父母の歎《なげき》を想像《おもひやる》といふは、仁《じん》の心に似《に》たれども、是は婦人の仁《じん》也。

（熊谷直実が敦盛を見て、我が子の小次郎を思い出して助けようと思ったのは、愛におぼれた不忠である。もっとも、敦盛の父母の姿を思いやったというのは仁の心に似てはいるが、これは女の仁であり、男のとるべき行動ではない）。

近世に重んじられた儒教では、「仁」が最重要の徳目だが、経盛を思いやる熊谷直実の「仁」は「婦人の仁」で、価値の低いものだというのである。軍事を至上とする武士の論理は徹底的な男尊女卑を特徴の一つとする。

この種の軍記評判書は、軍学・兵法的観点から、世間一般の常識的な見方に対して敢えて異議を唱えたり、作品を批判したりする傾向があるので、こうした批評を以て近世日本人全般の思潮と判断することはできない。だが、軍事的観点からは、眼前の敵の父の心情を思いやって敵を助けてしまうなどという行動が批判されるのは当然である。そうした軍事的な観点から熊谷直実の経盛への思いやりを「婦人の仁」と軽蔑した価値観が、近世には必ずしも武士特有の価値観ではなく、社会一般にある程度共有されたことが、主君への忠義のためには息子を殺すことを義として受け止める感覚として、

「一谷嫩軍記」を支えているだろう。

このように、武士の価値観は実在の熊谷直実が生きた時代からは大きく変化し、その変化した武士的価値観が、近世には社会に広く共有されるようになった。その近世に、子殺しの物語の伝統と身替わりの趣向の定型化を受けて、父性愛を根本に置いた本来の熊谷・敦盛説話からは一八〇度転換したような「一谷嫩軍記」が成立したとまとめることができるだろう。

そうした歴史的変遷はともかくとして、「一谷嫩軍記」熊谷陣屋の段は、現在も歌舞伎でしばしば上演される。末尾の場面、直実は、甲冑の下で実は既に出家姿となっている。子殺しを責める妻・相模に対して、その姿を見せると、

せがれ小次郎が抜け駆けしたる九品蓮台、一つ蓮の縁を結び、今より我が名も蓮生と改めん。一念弥陀仏、即滅無量罪。十六年も一昔、アア夢であつたな。

とつぶやき、万感の思いを込めた涙を拭って、花道を去ってゆく。その姿は、今も観客の喝采を浴びている。現代人にとっての熊谷直実像の重要な一面である。

4 熊谷直実と近世俗伝——忘れられた伝記群

前節までは熊谷直実を扱った中世・近世の芸能を見てきた。これらの中には、謡曲「敦盛」や浄瑠璃「一谷嫩軍記」のように、現在もしばしば上演されているものもあり、文学史上に重要な位置を占めている。それに対して、現代ではほぼ忘れられてしまった熊谷直実伝のいくつかの書物がある。ここでは通俗伝記と呼ぶ、浄土宗系の熊谷直実伝である。これらの熊谷直実伝は、浄土宗及び浄土真宗において非常に重要な人物となった蓮生＝熊谷直実の伝記を通じて、広汎な人々に念仏の教えを広めようとしたものである。現代では知られていないが、かつては強い影響力を持っていた。

熊谷直実の通俗伝記

ここでは、『迎接《ごうしょう》記《き》文《もん》針芥《しんかい》鈔《しょう》』『熊谷蓮生一代記』『蓮生法師伝』『直実入道蓮生一代事跡』『熊谷発心伝』の五つの書物及び『蓮生上人一代略画伝』を取り上げて、そのあらましを紹介したい。

これらの中で最も広く知られているのは、文化六年（一八〇九）に刊行された『熊谷蓮生一代記』であろう。ただ、同書は寛延三年（一七五〇）刊行の『迎接記文針芥鈔』に依拠して作られたものであることが、土屋順子によって明らかにされている。従って、まずは『迎接記文針芥鈔』から述べてゆこう。

『迎接記文針芥鈔』

『迎接記文針芥鈔』は勧化《かんげ》本である。勧化本とは、近世に一般人に仏教を教え広めるために作られた通俗仏書をいう。近世を通じて非常に多くの書物が作られたが、その中で、享保年間の末（一七三〇年代）頃から登場するのが長篇勧化本、たとえば『中将姫行状記』（享保十九年〈一七三四〉刊）、『刈萱道心行状記』（寛延二年〈一七四九〉刊）、『文覚上人行略鈔』（宝暦二年〈一七五二〉刊）といった一群の書物である（堤邦彦）。

寛延三年（一七五〇）に京都と浪華の書肆から刊行された『迎接記文針芥鈔』も、これらと同時期の長篇勧化本である（全七巻の構成だが、巻七は上下巻に分かれる）。一人の人物の伝記を骨格とする点でも、これら諸作品と性格を同じくする。中将姫や刈萱道心は架空の存在ながら、数々の物語の主人公となった有名な人物であり、文覚も『平家物語』その他で有名な僧である。蓮生＝熊谷直実は、この仏教説話の世界における大スターと肩を並べる存在だったともいえよう。

『迎接記文針芥鈔』の作者は吟諦《ぎんてい》。河内国古市（現大阪府羽曳野市）に現存する浄土真宗寺院、西念寺の僧である。浄土真宗の僧である吟諦が、なぜ蓮生＝熊谷直実の伝記を書いたのか。それを考えるには、本書の題名を見てゆかねばならない。

『迎接記文針芥鈔』という題名の「迎接記文」とは、第三章4節で見た、『迎接《ごうしょう》曼荼羅《まんだら》由来記』を指す。蓮生が阿弥陀仏の来迎に預かって往生する様子を夢に見た法然が、その様子を描いて蓮生に与えたという曼荼羅の由来を書いた文章である。本書の序によれば、著者吟諦は嵯峨の清涼寺にあったこの曼荼羅と由来記を見たようである。そして、序や凡例及び巻七上の記述によれば、由来記については浄土真宗の祖・親鸞が筆を染めたと考えていた（巻七上には「我祖師上人も記文の御筆を染られしもことはりなり」とある。原文片仮名交じり）。

また、「針芥」とは、本書の凡例によれば、『大唐西域記』巻十に見える龍樹《りゅうじゅ》菩薩と提婆《だいば》菩薩の逸話による。入門しようと訪ねて来た提婆に対して、龍樹は水を満たした鉢を出した。すると提婆は水の中に針を投げ入れた。それを見て龍樹は提婆の賢さを悟り、入門を許したという。提婆が針を投げ入れたのは深浅を計りにくい水の底を極めようとしたのであり、龍樹はそれを悟ったというわけで、師と弟子が深く理解し合う意だというのである（『大唐西域記』には確かにこの話があるが、「針芥」の語は用いていない。現在検索できる「針芥」の用例から見て、本書の説明には疑問もある）。

右記のように、吟諦は、『迎接曼荼羅由来記』には親鸞の筆が入っていると信じていたようである。法然と親鸞は心を一つにしており、そして蓮生もそこに加わる。そのような浄土宗・浄土真宗草創期の祖師たちの教えを、物語で有名な蓮生＝熊谷直実の一生を通じて描こうとしたのであろう。

『迎接記文針芥鈔』の内容

本書の内容は、骨格としては熊谷直実の一代記である。熊谷直実の家系や生い立ちから始めて、源平合戦における活躍や敦盛を討って発心するあたりまでで三巻を費やす。そして、巻四冒頭で敦盛の首を経盛に送るあたりまでの記述は、主に源平盛衰記によっている。近世には、流布本『平家物語』よりも源平盛衰記の方が正しい歴史を記した書として信頼されたのである。

同書は凡例で、「この針芥鈔の最初の部分を読む人は、『これは盛衰記の抜粋であり、これでは軍書まじりの法談本だ』と批判するだろうが、それは当たらない」と、あらかじめ批判に答えている。『観無量寿経』というお経だって、親子げんかの話から始まっているが、最後は有り難い教えで人々を導いているではないか、それと同じで、熊谷直実の勇猛な戦いの話を語らなければ、その信仰や往生を語れないのだ、という（『観無量寿経』の冒頭は、阿闍世《あじやせ》太子が父の頻婆娑羅《びんばさら》王を幽閉していた話から始まる）。源平盛衰記を参照していることは文中にも明示されている。

その後、久下直光との訴訟に敗れて鎌倉を逐電するあたりは『吾妻鏡』による（文中に『吾妻鏡』の名も明示している）。そして、走湯山を経て上洛し、法然の弟子になるまでを巻四末尾で語る。巻五以下は『法然伝』と『迎接曼荼羅由来記』によった記述である。

だが、このように説明しただけでは、同書の内容を説明したことにはならない。同書は源平盛衰記などによって熊谷直実の戦いを述べる合間に大量の仏教的教訓をはさむのである。たとえば、巻一では、熊谷直実の宇治川合戦における橋桁渡りと発心（第一章3節参照）を描いた後、「熊谷直実のような大剛の者が発心したとは有り難いことだ。それに比べて今時の凡夫が後世のことを考えないのは愚かなことだ」として、剛の者が発心した例を列挙する（熊坂長範、箕輪忠俊、佐々木兄弟など）。その記述だけでも十分に長いのだが、その後さらに、法然が配流された時に淡路の岩屋あたりに現れた鬼を教化した話が続く。こうした熊谷直実伝以外の叙述が、全体の三〜四割程度を占めるのであり、そうした叙述姿勢は巻二以降にも続いてゆく。同書はあくまで衆生を教化するための本なのであり、熊谷直実伝を題材としつつ人々を仏教に導こうとする姿勢に徹している。熊谷直実の一生を描く伝記は、こうした書物においてはじめて成立したわけである。

なお、『迎接記文針芥鈔』には現代の翻刻などはないが、国文学研究資料館の新日本古典籍データベース（オンライン）で読むことができる。

『熊谷蓮生一代記』

右に見てきた『迎接記文針芥鈔』をふまえて作られたと見られるのが、文化八年（一八一一）に京都の書肆から刊行された『熊谷蓮生一代記』（七巻七冊。文化六年序）である。この両作品の関係については、土屋順子に同文関係の詳細な指摘があり、確定しているといってよいだろう。ただし、『熊谷蓮生一代記』は勧化本ではなく、読本に分類すべきだろう。『針芥鈔』には、熊谷直実伝とは直接関係のない大量の仏教説話や教訓の記事があったが、『熊谷蓮生一代記』はそれを削除して熊谷直実伝に徹し、挿絵も入れて、読み物として楽しめる本に仕立てたのである。勧化本の仏教的要素を省略して再構成した読本としては、たとえば『中将姫行状記』を作り直した『中将姫一代記』の例などが知られている（中村幸彦）。『熊谷蓮生一代記』は、長篇勧化本から読本が生まれてゆく典型的な例の一つともいえるのではないか。

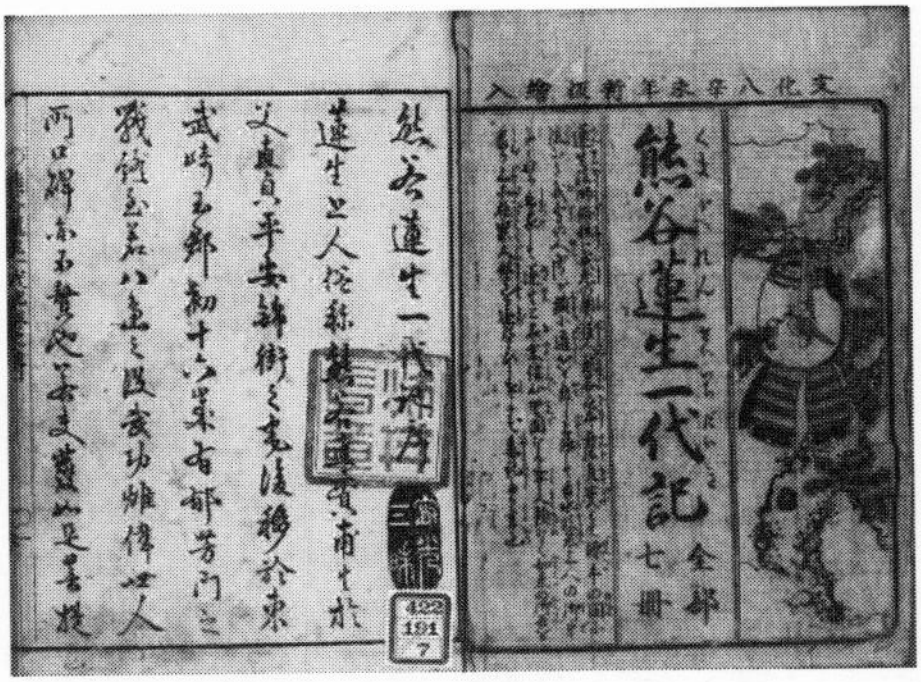

『熊谷蓮生一代記』文化八年版冒頭

『熊谷蓮生一代記』は、『針芥鈔』の仏教的記事を削除しただけではなく、大量の増補によって物語を組み立てている。たとえば冒頭では、直実の父・直貞とその妻は洛東岡崎の法勝寺に参詣し、八幡神から弓矢を授かる夢を見て懐妊したので幼名を「弓矢丸」と名づけたとする。また、熊谷氏はもと都人だったが、直貞は平忠盛を殿上で闇討しようとしたと讒言されて忠盛に憎まれ、武蔵国に流され、そこで熊を退治したなどと語る。都の住人だったが忠盛に憎まれて流されたという点は『針芥鈔』に見えていたが、「弓矢丸」の名や熊退治の件は『針芥鈔』には見えなかったものである。一方、都の出身だったが武蔵国で熊退治をしたという伝は、本書第一章1節に見た続群書類従本『熊谷系図』と類似している。『熊谷蓮生一代記』は、『針芥鈔』だけではなく、既に存在した熊谷直実に関する諸伝を統合し、独自の脚色をも加えて熊谷直実一代の伝記を作り上げたものであろう。

特に重要なのは、『針芥鈔』には無かった『小敦盛』系の物語を取り入れていることだろう。出家した蓮生は、法然に保護されていた敦盛の遺児に会い、敦盛の妻「資賢卿の息女、玉琴姫の児」であると聞く。敦盛の妻を資賢の娘とする点は幸若舞曲「敦盛」と同様だが、「玉琴姫」の名は未詳である（敦盛の妻の名は、「一のたにさかおとし」では「紅葉の前」、「須磨都源平躑躅」では「品照姫」とされていた）。また、敦盛の遺児は、法然が一乗寺下り松で拾い、「放童丸」と呼ばれていたとする。蓮生は、玉琴姫・放童丸母子に対面してすべてを打ち明ける。

その後、蓮生と母子は一ノ谷を訪れる。敦盛の墓所を探すが、すぐには見つからず、近くにあった人家に入ると、そこに現れたのは敦盛、実は亡霊の姿だった。敦盛の霊は放童丸に扇を渡して消える。蓮生が見ると、その扇は確かに敦盛の遺物であった。蓮生と母子はそこで敦盛を供養し、さらに都に帰ってから法然と共に供養をすると、聖衆来迎の奇瑞があり、敦盛は往生を遂げたと告げられる。母子は共に出家し、母は「生一坊如仏」、子は「法信房盛蓮」という名を与えられた。母子は共に往生を遂げた。敦盛の妻が須磨を訪ねて敦盛の亡霊に会う、あるいは蓮生と共に敦盛を供養したという点では「源平花いくさ八つるぎでん」に近い。また、玉琴姫が扇を商って生計を立てたとする点は「須磨都源平躑躅」を思わせる（土屋順子）。基本的には『小敦盛』の物語によりつつ、そうした芸能の諸要素を取り入れたものと見られる。

このように、『熊谷蓮生一代記』は、先行するさまざまな物語を取り入れて、熊谷直実の一代記を作り上げた。後半は当然ながら法然伝によりつつ、蓮生の往生を描き出している。読み物として興味深い一代記が、こうしてできあがったわけである。

『熊谷蓮生一代記』の成立と法然寺

読みやすく面白い熊谷直実伝となった『熊谷蓮生一代記』は、よく売れたようで、その後も版を重ねた。もとは上方の出版だが、江戸版もあり、また明治版もある。明治時代の近代活字版は国会図書館のデジタルコレクション（オンライン）で読めるし、近世版本は国文学研究資料館の新日本古典籍データベースで読める。また、二〇〇〇年には熊谷市立図書館から『復刻 熊谷蓮生一代記』も刊行されている。

さて、『熊谷蓮生一代記』には「熊谷山法然寺五十九世 厭誉」が文化六年（一八〇九）筆の序を寄せており、続いて「洛東吉水麓 葛原斎仲通」が文化七年筆の「大意」を記している。「葛原斎仲通」が作者であると見られるが、この人物については未詳である。一方、「熊谷山法然寺」は、序章でもふれたように、もとは洛中（現中京区元法然寺町。四条烏丸の北東部）にあったが、移転して現在では京都市右京区の嵯峨（嵐山）にある寺院であり、熊谷直実＝蓮生を開基としている。次に見る『蓮生法師伝』も、この寺のものである。『熊谷蓮生一代記』巻七には、「蓮生武州に一宇建立上人御消息之事幷ニ京極法然寺霊場之事」という章段があり、蓮生が夢告によって法然上人の真影を負って都を歩くうち、この地で真影が急に盤石のように重くなり、動けなくなったので、そこに真影を安置して寺を建てたという「熊谷山法然寺」の縁起が長々と記されている。この書が法然寺に関わって成立した可能性は非常に強いと見られる。

土屋順子は、『蓮生法師伝』の見返しに「文化五年戊辰三月二十五日　元祖大師六百遠忌」、箱書に「文化四年歳次丙寅九月新調　十九世厭誉」とあること、また、この前後に蓮生の六百回遠忌が、粟生光明寺や金戒光明寺で催されたことや、『熊谷蓮生一代記』の刊行年などから考えて、『熊谷蓮生一代記』も蓮生の六百回遠忌を記念するさまざまな活動の一環として刊行されたのではないかと推測している。従うべきであろう（なお、第三章5節で見たように、熊谷直実は『法然伝』によれば建永二年〈一二〇七〉没とされる。『熊谷蓮生一代記』もその伝を採っているが、『吾妻鏡』の承元二年〈一二〇八〉没説も併記している）。

十九世紀初め頃、熊谷直実＝蓮生は、こうした活動によって新たな物語の主人公として再生を遂げていたわけである。

『蓮生法師伝』　右に見てきた『熊谷蓮生一代記』と密接な関係にあると見られるのが、『蓮生法師伝』（洛陽京極熊谷山法然寺蓮生法師伝）である。『蓮生法師伝』は、右記の熊谷山法然寺に伝わる写本、巻子本一巻である。翻刻が、石田拓也「法然寺の熊谷直実縁起」や、熊谷市立熊谷図書館の『郷土の雄　熊谷次郎直実』に掲載されており、後者では原本の写真を見ることもできる。『蓮生法師伝』の巻末には、文化元年（一八〇四）の秋に「絵詞之伝記」によりつつ、「修補」し、さらに「古伝之意」を採って「纂校並書」したという奥書があり、『熊谷蓮生一代記』刊行の数年前に成立したものと見られる。奥書の筆者として「渓田纂亮」と記され、これは見返しに、前項末尾に見た「文化五年（中略）元祖大師六百遠忌」に本書を「預修奇附《ママ》」したと記している「渓田纂助」と同一人物であろう。この人物については、石田拓也「法然寺の熊谷直実縁起」に、「住職によれば、当時における法然寺の総代と推察されている」とある。つまり、同書は、蓮生の六百回遠忌にあたり、法然寺で作られたものと見られるわけである。

　内容的には『熊谷蓮生一代記』と重なる点が多いが、一巻だけの巻子本なので比較的簡略なものである。大きな相違としては、『小敦盛』系の「玉琴姫」などの物語が全くない。また、たとえば、冒頭では「弓矢丸」の名はあるが夢告の話は簡略であり、また熊退治の話はない。これは、『熊谷蓮生一代記』をふまえて簡略化したというわけではなさそうである。たとえば、敦盛の首と遺物を経盛に送る送状とその返状の文面が、『蓮生法師伝』では源平盛衰記に近く、漢文の難解な修辞を残しているが、『熊谷蓮生一代記』ではやわらげられてわかりやすくなっている。同じ法然寺の周辺でまとめられたものではあろうが、『蓮生法師伝』は『熊谷蓮生一代記』に拠らずに作られたと見ておくのが妥当だろう。

『蓮生上人一代略画伝』

『蓮生法師伝』についてもう一つ注目すべきは、同じ法然寺に蔵される『蓮生上人一代略画伝』との対応である。『蓮生上人一代略画伝』は、三幅の掛幅絵（掛軸のように下げる絵）で、右幅には直実の出生から久下直光との訴訟までを十一図で、左幅には出家・法然との対面から往生の予告をするまでを二十二図で描き、中幅には往生のさまを一図で大きく描く。右記の『郷土の雄　熊谷次郎直実』に掲載されている。

その絵は、いずれも『蓮生法師伝』に記される内容のもので、順序としても対応している。つまり、『蓮生法師伝』の内容に基づいて『蓮生上人一代略画伝』が描かれた、あるいは『蓮生法師伝』は『蓮生上人一代略画伝』を絵解きするために作られたとも考えることができよう。

『略画伝』の箱書には「文化四年歳次丙寅九月新調　十九世厭誉」とあるが、文化四年（一八〇七）の干支は丁卯であり、丙寅ならば文化三年となる。いずれにせよ、この時期の蓮生六百遠忌に合わせて新調されたものであろう（土屋順子）。

こうした掛幅絵は、絵を順に追って説明する絵《え》解《と》きに用いられることが多い。『蓮生上人一代略画伝』も、そのように使われたものであろう。文化三年あるいは四年に「新調」されたという表現からは、それ以前からも蓮生の一生を絵解きしていた可能性があろう。

『直実入道蓮生一代事跡』

絵画資料については、もう一つ紹介しておかねばならない。『直実入道蓮生一代事跡』は、京都の金戒光明寺《こんかいこうみょうじ》の塔頭《たっちゅう》の一つである蓮池院が蔵する絵巻一軸である。金戒光明寺と蓮池院については序章でも紹介したように、法然と蓮生の関わりを今も色濃く伝え

『蓮生上人一代略画伝』右幅
（右下の熊谷直実懐妊・誕生から右上の久下直光との訴訟までを描く）

る寺院である。『直実入道蓮生一代事跡』は、巻頭に桓武天皇から直実・直家に至る熊谷氏系図を記した後、直実誕生・敦盛討ち・逆馬・十念質入・往生の五場面の絵を置いて、その後に本文を記す。本文は全二十一話である。本文は、石田拓也「熊谷直実の伝承」によって翻刻されており、また、前記『郷土の雄　熊谷次郎直実』には、絵と本文の写真と本文の翻刻が収められている。

　奥書によれば、熊谷直実から三十一代の子孫で加州家（加賀前田家）に仕える熊谷直光が、蓮池院を宿坊としたところ、当院は熊谷直実ゆかりの寺であるにもかかわらず、直実の系図や事跡を伝えるものがないということで、直光の家に伝わる系図や直実一代の事蹟を記して奉納したのだという。「天保十三壬寅年　熊谷大炊平直光　謹書之」とあり、天保十三年（一八四二）の成立と見られる。絵は狩野派の元信から十一代、文信の筆という。

『直実入道蓮生一代事跡』
（熊谷直実が敦盛を討つ場面）

　内容としては、前述の『熊谷蓮生一代記』に近く、直貞の熊退治や玉琴姫の物語も受け継いでいるし、同文関係にある記事も多い。ただ、『熊谷蓮生一代記』とは異なる要素もある。たとえば、直実の幼名を「弓矢丸」ではなく「揚旗丸」としたり、幼い直実を忠盛の追及から守ってくれたのを「修理大夫経盛卿の裏《(ママ)》方象潟姫」とする点は独自であり、第四話の後半では、石橋山合戦の後、頼朝をかくまったのが熊谷家の家紋の由来であるとして鳩を二羽あしらった家紋を記す長い記事がある（本書第一章1節に見たように『熊谷系図』に類話が見えるが異文）。このように、『熊谷蓮生一代記』によりつつ、独自の要素を織り込んだものと見られる。

この絵巻が蓮池院でどのように用いられたのかは未詳だが、蓮池院は「熊谷堂」を称しており、かつては熊谷直実が敦盛の姿を写したという「鏡の御影」を当院第一の宝物とするなどと記した「熊谷蓮生法師略縁起」を発行していた（筆者は徳田和夫氏所蔵のものを拝見した）。直実のゆかりを宣伝していたわけで、この絵巻も何らかの形で唱導などに用いられた可能性があるが、具体的なことはわからない。

『熊谷発心伝』

さて、近世俗伝の最後に、『熊谷発心伝』を紹介したい。この書は野口泰助・梁瀬一雄が、各自の所蔵写本を紹介・翻刻している（野口本は、写真を製本したものが熊谷市立熊谷図書館で閲覧できる。なお、野口本については大井教寛氏の御教示をいただいた）。しかし、どちらも従来ほとんど注目されていないように見える。他に大橋政勝旧蔵・国文学研究資料館現蔵本（以下、「大橋本」）と西厳寺蔵本があり、この両者はいずれも原本の画像を国文学研究資料館の新日本古典籍データベースで閲覧できる（オンライン）。野口本・梁瀬本・西厳寺本には奥書などがなく、書写年代不明だが、大橋本には文政十二年（一八二九）、「湖東　沙門　正現」の書写奥書があり、作品としてはこの年以前に成立していたことがわかる。ただし、大橋本はおおよそ前半部しか残っていない。逆馬の逸話の後で「浄土ニハ好《（剛）》ノ者トヤ思ラン…」の歌を詠むところで終わっている。他の三本のように往生までを語るのが本来の形であるはずで、大橋本は後半部を欠落したものだろう。

この三本は、書名が一致する他、内容も大まかには同様で、一つの作品と捉えられることは疑いないが、本文には異同が多い。注目すべきは大橋本が本文の上欄外に「其二」「其三」……と記し、全体を合計八席（八回）に区分して、表紙にも「八席　合」とも記していること、また、野口本が本文中に改行して「二ノ巻」「三ノ巻」から「十一ノ巻」までの区分を記していることである。そして、大橋本では、たとえば「其三」の冒頭には「扨《さて》今席は熊谷直実　弥《いよいよ》法然上人の御弟子となるることを……」（原文片仮名交じり）、「其四」の冒頭には「此坐《このざ》は弥々《いよいよ》敦盛の亡霊を語らん」などと、その回（席・坐）の要点、聞かせ所から語り出している。野口本もやや異文ながら同様の語り出しが見られる。これらは、一席ずつ適度な分量に区切った講釈の語り口を思わせるものである。野口本の翻刻「熊谷発心六の巻」には、編集部の注として「講釈師の種本らしく」とあるが、その通りだろう。

大橋本には他にも語りを思わせる特徴がある。たとえば、第一席で直実が宇治橋渡りで発心したと語った後、「扨《さ》て同行中、凡《およ》そ仏種は縁より発ると云ひて、いかなりとも御縁がなければ仏法には入られぬなり」と述べ、その下に小字の割注で「順逆の二家のこと弁じても宜《よろし》」と記入がある。その箇所で、場合によっては仏法の教義を付け足して語ってもよいというメモであろう。このように、講釈ともいうべき説教の台本（種本）に使われた様相が、大橋本には特に濃厚なのである。四本の本文に異同が非常に多いことも、語り手がそれぞれ工夫をこらした結果ではないだろうか。

関山和夫によれば、近世の中期から後期にかけて、浄土真宗では、独特の抑揚を伴う節談説教《ふしだんせっきょう》が盛んに行われるようになっていた。その時期には、僧侶から講釈師に転ずる者も多数現れたという。西厳寺本を蔵する西厳寺は岐阜県各務原市に現存する浄土真宗本願寺派の寺院であり、前述のように、『迎接記文針芥鈔』の作者吟諦も浄土真宗の僧であった。浄土真宗で熊谷直実を題材とした説教が行われたことは十分に考えられる。この書が節談説教に用いられたかどうかはわからないが、講釈に類する話芸に関わる可能性は高いだろう。

熊さん・熊谷直実

『熊谷発心伝』の四本の本文には異同が多いが、日常的な俗語を駆使した平易な文体、時には滑稽な文章は共通の特色といえる。文学史用語としては、談義本やそこから派生した滑稽本といったジャンルに近いのだろうが、そうした枠には収まりきれない感もあり、部分的には落語の筆録をさえ思わせるものがある。とりわけ梁瀬本は滑稽味が強い。東海道の藤枝宿での、いわゆる「十念質入《じゅうねんしちいれ》」の場面を例にとってみよう。

熊谷直実が京都から東へ下る途中、藤枝の近くで追い剝ぎに遭う。直実は銭四五十文を「そりややらふ」と放り出したが、盗賊はそれでは足りないと脅すので、直実は立腹する。

熊谷入道、例の癇癪を発し、もふ聞かぬ気になり、「この坊主をうぬらはなんじやと思ふ。さあ、みごとわいらが手柄にならばしてみよ」と立ちはだかれば……

盗賊は「玉散るやいば振りまはし、八人一同に切てかか」るが、たちまちなぎ倒される。勝ち誇っ

た直実が名乗りを上げると、盗賊は恐れ入り、

「さては、あなたが熊谷様でござりますか。存じもよらず、大に無調法仕りました。真平《まつぴら》御免なされて下さりませ。どうぞ御慈悲に、命ばかりは御助け下さりませ」

と命乞いをする。

そこで直実は盗賊を許してやるのだが、法然から腹を立ててはならぬと教訓されていたことを思い出し、あわてて、盗賊に「今の有様を必ず人に云てくれるなよ。こんな事がひよつと御師匠様へ聞へては、どうもすまぬ事じや……」と頼み、それでも盗賊たちが人に話すのではないかと心配になり、口止めのために銭ばかりか、着ているものをすべて与えてしまう。丸裸になった直実は、寒くてしかたないので、藤枝宿でたまたま開いていた酒屋に入り、酒を何杯も所望した上に、着物も欲しい、銭も少し貸してくれと頼み、質物はあるかと問われると念仏を質に入れると言い出す。十度の念仏を質物代わりにして無理やり金を借りた直実は、後に京都に上る時に再びこの店に立ち寄るが、その時には息子の直家の世話で、立派な姿をしている。見違えて驚いた店主が質物を返すというので念仏を唱えると、亭主の口から光を放つ阿弥陀仏が一体ずつ現れるといった奇瑞が起きるといった話である。

十念質入の話は、『熊谷蓮生一代記』では次のようなものである。蓮生が故郷に帰るにあたり、土産が欲しいと思って宿の亭主に借金を申し込む。質物は何かと問う亭主に、蓮生は念仏を質物とした

いと言い、亭主は断るが、蓮生が念仏を十返唱えると、たちまち庭に蓮華が十本生じ、亭主は驚いて銭を貸した。その後、蓮生は京都に上る際にもこの宿に立ち寄り、借金の返済を申し出る。受け取ろうとしない亭主に強いて銭を返し、質物の代わりには念仏を十返唱え返すように言う。亭主が念仏を唱え、翌朝見ると蓮華は枯れていた。亭主は驚いて念仏の行者となり、蓮生寺を開いたのだという。

また、現在、藤枝市に存在する浄土真宗大谷派の寺院・熊谷山蓮生寺の所伝では、蓮生は山賊に会って馬や銭を奪われ、藤枝の福井長者の屋敷を訪れたのだという。そして、蓮生が念仏を唱えると金色に輝く阿弥陀仏の姿が現れ、亭主の口に入ったのだとされ、蓮生が再訪した際には、亭主が念仏を唱えると、今度は亭主の口から金色の仏が蓮生の口に入ったという、より劇的な伝説となっている。

しかし、『熊谷発心伝』とりわけ梁瀬本では、筋立ても趣も異なる話となっているわけである。ここに描かれる熊谷直実の人物像は、お人好しの正直者だが短気でおっちょこちょい、浅慮で何かしでかしてはすぐ後悔するというような、落語に出てくる粗忽者そのものである。そんな男が最後に突然予想外の奇跡を起こすところが面白いわけだが、奇跡の直前までは、いわば八つぁん・熊さんの類なのである（熊谷だから熊さんというわけではない）。近世通俗伝記の多様な展開は、熊谷直実をこのような庶民的で愛すべき人物に仕立てた物語をも生み出したわけである。

5　熊谷直実と近代日本人——新渡戸稲造『武士道』

新渡戸稲造の『武士道』

十九世紀初頭に六百遠忌を契機として、『熊谷蓮生一代記』の刊行など、熊谷直実＝蓮生への関心が大いに高まったことは第4節で見てきたとおりである。それからわずか半世紀ほど後に日本は激動の時代に突入し、明治維新を経て近代を迎えた。西洋文明の圧倒的な流入により日本人の精神文化は一変し、激しい廃仏毀釈もあって仏教にとっては厳しい時代となった。しかし、そのような時代となっても、熊谷直実は日本人の心の中にしっかりと生きていた。それを示す端的な例が、新渡戸稲造の『武士道』である。

今『武士道』と書いたが、厳密にいえば、新渡戸稲造は『武士道』という本を書いたわけではない。新渡戸は一八九九（明治三十二）年、アメリカで『BUSHIDO, THE SOUL OF JAPAN』を刊行した。『武士道』は、その後、櫻井彦一郎（鷗村）や矢内原忠雄などが和訳して日本で刊行した際の書名である。それは、この書が日本人向けに書かれたわけではないという意味で重要な点だが、ここでは便宜上『武士道』という書名を用い、矢内原忠雄訳（岩波文庫）を引くこととする。

西義之も指摘しているように、『武士道』は、西洋の歴史上の人物に関する話題は豊富だが、日本の武士の具体例を引くことは少ない書物であり、引いたとしても多くは断片的である。日本に関する僅かな知識を、西洋に関する豊富な知識で包み込んだような書物なのである。

その中で、第五章「仁・惻隠の心」に引かれた熊谷直実に関する記述は、日本の実在の武士に関わる新渡戸自身の文章としては、『武士道』の中で最も長い。熊谷直実を上回る記述量で語られているのは、第九章「忠義」の武部源蔵と、第十二章「自殺及び復仇の制度」の滝善三郎ぐらいだろうが、前者は浄瑠璃「菅原伝授手習鑑」で菅原道真の臣下として創作された人物であり、後者はミットフォード『旧日本の物語』から引用された切腹場面の描写である。つまり、熊谷直実は、この書物の中で取り上げられた武士を代表しているといえそうである。

しかし、それは原典たる『平家物語』によって書かれたものではない。もちろん『吾妻鏡』によるものでもない。序章でも見たように、熊谷直実への言及は、次のように始まる。

日本美術の愛好者は一人の僧が後向に馬に乗れる絵を知っているであろう、これは嘗ては武士であり、盛んなりし日にはその名を聞くさえ人の恐れし猛者であった。

本書第三章3節で見た逆馬のことを指しているわけだが、蓮生の逆馬を描く絵が「美術」として愛好されているかどうかはともかくとして、これが『平家物語』に見えるものではないことは、本書をここまで読んでこられた方々にはいうまでもないことだろう。逆馬は『法然伝』に初めて見える話で、近世の通俗伝記の中で盛んに語られ、絵にも描かれた。たとえば、『直実入道蓮生一代事跡』が描く五図の中にも逆馬が入っている（口絵参照）。

新渡戸稲造は何を読んだのか

『武士道』は逆馬に続いて、敦盛を討った顚末を語る。一ノ谷合戦で熊谷直実が敦盛を組み伏せた場面となるが、問題は次の記述である。

かかる場合組み敷かれたる者が高き身分の人であるか、若くは組み敷いた者に比し力量劣らぬ剛の者でなければ、血を流さぬことが戦の作法であったから、この猛き武士は己の組み敷ける人の名を知ろうと欲した。

『平家物語』あるいは軍記物語を少しでも読んだことがあれば、そのような「戦の作法」などあり得ないことはすぐわかる。戦いが組み打ちに至ったならば殺すか殺されるかであって、よほど特殊な事情がない限り、敵の首を取らなければ終わらないのが当たり前である。この記述は、新渡戸が『平家物語』などの軍記物語原典を読まずに『武士道』を書いていることを明瞭に示す箇所といえるだろう（佐伯真一『戦場の精神史』）。

実際、『武士道』は、日本の武士について書かれた書物でありながら、『平家物語』など中世の軍記物語を参照して書かれたと見られる箇所が一つもない（佐伯真一「軍記物語と「武士道」の間」）。たとえば、第四章「勇・敢為堅忍の精神」に引かれた源義家と安倍貞任の連歌の話は中世説話集には見えるものの、軍記物語にはほとんど見えない。おそらく『前太平記』巻三十一や『北条五代記』巻二その他の近世俗伝で有名になる話であろう。また、第九章「忠義」に見える平重盛の懊悩は新渡戸自身が

『熊谷蓮生一代記』明治版
（熊谷直実が敦盛を討つ場面）

記すとおり頼山陽の『日本外史』によるものだろう。それは、後述のように、『武士道』を執筆する時点で新渡戸が手元に日本の書籍をほとんど置いていなかったと見られることや、そもそもその時点では新渡戸が日本の古典をあまり読んでいなかったことに起因するのだろうが、それでは、新渡戸は何に基づいてこの部分を書いたのだろうか。

実は、筆者はこの点を長い間考えあぐねていた。『平家物語』などによっていないことは確かだが、ではどこからこのような記述が出てきたのか、わからなかったのである。しかし、本書を書くために熊谷直実の近世通俗伝記を調べ直して、ようやくその謎が解けたように思っている。第4節で見た『熊谷蓮生一代記』が、巻三「熊谷直実大夫敦盛を討発心起之事」で、煩悶する熊谷直実の心を次のように語っているのである。

定《さだ》めて父母《ちゝはゝ》も悶《もだ》へ焦《こが》れ玉ふべし。殊《こと》には我子《わがこ》と同年《どうねん》にてまします事の痛ましさよ。又平家の中に於ても剛勇《がうゆう》の人ならば、首取て功名ほまれにもなるべけれ。斯《かく》やんごとなき上臈《じやうらう》を我手《わがて》にかくるも手柄《てがら》ならず。いかがして助け参らせ、御船《ふね》に乗《のせ》申さん。

この「平家の中に於ても剛勇の人ならば、首取て功名ほまれにもなるべけれ」は、「組み敷いた者に比し力量劣らぬ剛の者でなければ」云々と基本的に同じ発想といえよう。「斯《かく》やんごとなき上臈《じやうろう》を我手《わがて》にかくるも手柄《てがら》ならず」とまで語るあたりは、『武士道』以上に『平家物語』の世界から離れているといえるかもしれない。戦のない時代が二百年余りも続いた十九世紀初頭の読本作者の脳裡には、武芸試合のような合戦が浮かんでいたのだろうか。

新渡戸は、版を重ねて非常に影響力の強かった『熊谷蓮生一代記』を読んだか、あるいはこれに基づいた絵解や講釈のようなものを聞いたのだろうか。熊谷直実伝の出版や講釈などは、十九世紀初頭に大きな盛り上がりを見せたわけで、文久二年（一八六二）生まれの新渡戸の少年時代には、その熱が十分に残っていたと考えられる。若き日の新渡戸は何らかの形でそうしたものに接し、心に刻んだのであろう。

『武士道』と『熊谷蓮生一代記』

もっとも、『武士道』と『熊谷蓮生一代記』の顕著な一致は右に見た箇所ぐらいであり、『熊谷蓮生一代記』に明確に依拠しているわけではない。『武士道』は右の引用部に続けて、次のように語る。

> しかし名乗りを拒むので、兜《かぶと》を押しあげて見るに、髭《ひげ》もまだなき若者の美麗なる顔が現われた。武士は驚き、手を緩《ゆる》めて彼を扶《たす》け起し、父親のごとき声をもってこの少年に、「行け」と言った。「あな美しの若殿や、御母の許《もと》へ落ちさせたまえ。熊谷の刃《やいば》は和殿《わどの》の血に染むべきものならず、敵

に見咎められぬ間にとくとく逃げ延びたまえ」。若き武士は去るを拒み、双方《そうほう》の名誉のためにその場にておのれの首を打たれよと熊谷に乞うた。

『熊谷蓮生一代記』のこうした場面は基本的に源平盛衰記によっているので、敦盛は名乗ったと記すのだが、『武士道』にその記述はない。では流布本『平家物語』によっているのかというとそうでもない。「父親のごとき声をもってこの少年に「行け」と言った」などという描写は、『平家物語』諸本にも中世・近世芸能にも近世俗伝にも、まずあり得ないものであろう。『平家物語』から近世俗伝に至るまで、熊谷直実は敦盛への敬意に満ちた態度を保持して描かれているのである。

おそらく、新渡戸稲造は、『熊谷蓮生一代記』を中心とした熊谷・敦盛の物語の記憶をたどり、自由に脚色してこの部分を書いたのだろう。この時代の多くの日本人にとって、記憶によってこの場面を再構成することは、さほど難しいことではなかったと考えられよう。そうした記述の中に、『熊谷蓮生一代記』に近い一節が残っているのは、おそらく、新渡戸の記憶に刻まれた熊谷直実伝として、最も直接的で重要だったのが『熊谷蓮生一代記』だったからだと見ておきたい。

敦盛を討った後の記述は、次のように結ばれる。

戦終り熊谷は凱陣したが、彼はもはや勲功名誉を思わず、弓矢の生涯を捨て、頭を剃り僧衣をまといて、日入る方弥陀の浄土を念じ、西方に背を向けじと誓いつつ、その余生をば神聖なる行脚《あんぎゃ》に託したのである。

これも、たとえば流布本『平家物語』の「其よりしてこそ、熊谷が発心の心は出きにけれ」や、源平盛衰記の「穢土ノ習ヲ悲テ、遁バヤト思ケルガ、西国ノ軍鎮テ、黒谷ノ法然房ニ参ツヽ、髻ヲ切、蓮生ト名ヲ付テ、終ニ世ヲコソ背ケレ」といった記述から出たものというよりは、「逆馬」に象徴される近世の俗伝類の要約を基本とするものと考えられよう。つまり、『武士道』の熊谷直実像は、武士・熊谷直実の物語というよりも、僧・蓮生の物語によって作られているといってもよいのである。

新渡戸稲造の知識と『武士道』

文明開化の時代に育った新渡戸稲造は、和漢の古典に関する教育を十分に受けられなかった世代に属する。新渡戸自身が、初めて東京に来た明治四年（一八七一）頃、「日本の学問は、ほとんど頽つて」いて、「論語や孟子も読む者は少な」く、「まして我が国語などは顧みるものも稀であつた」、青年時代には『徒然草』も知らなかったなどと回想している（『内観外望』一九三三年）。新渡戸は、欧化主義全盛時代に教育を受け、札幌農学校で農学を学び、アメリカに留学、帰国して札幌農学校教授となる。そして病気療養のため訪れたアメリカの保養地モントレーで『武士道』を書いた。

つまり、『武士道』は、もともと日本古典の素養のない新渡戸が、アメリカで療養中に書いた書物なのであり、おそらく、手元には参照すべき日本の古典籍もほとんどなかったことだろう。『熊谷蓮生一代記』なども、書物として持って行ったとは考えにくい。この時期のアメリカ西海岸には、他にも日本人がいたはずなので、多少の書物の貸借はあり得ただろうが、記憶によって書いた部分は多かったと推察される。むしろ、そうした環境下においてこれほどの書物を書き上げたことだけでも、尊敬に値するというべきだろう。

新渡戸稲造が、軍記物語に類する古典の知識をどのように得ていたのか、『武士道』自身が語っているところがある。第十五章「武士道の感化」である。新渡戸はこの章で、日本文学史において、武士の物語が大きな位置を占めていることを述べ、次のように述べる。

民衆娯楽および民衆教育の無数の道——芝居、寄席《よせ》、講釈、浄瑠璃《じょうるり》、小説——はその主題を武士の物語から取った。農夫は茅屋《ぼうおく》に炉火を囲んで義経とその忠臣弁慶、もしくは勇ましき曾我兄弟の物語を繰り返して倦《う》まず、色黒き腕白《わんぱく》は茫然《ぼうぜん》口を開いて耳を傾け、最後の薪《まき》が燃え尽きて余燼《よじん》が消えても、今聞きし物語によりて心はなお燃え続けた。

これは近世から近代初期の日本人が、軍記物語をどのように享受していたか、その一面を生き生きと描き出したものといえよう。それは軍記物語そのものの享受というよりは、そこから派生した物語の享受というべきだが、それこそがこの時代の軍記物語享受の有力な一面だったのである。

そしてそれは同時に、『武士道』を執筆した頃の新渡戸自身が、軍記物語関係の知識をどのように得ていたのかを暗示しているともいえよう。右に見たように、『武士道』は、日本武士の姿を描くのに「菅原伝授手習鑑」を引くような書物であった。まさに「芝居、寄席、講釈、浄瑠璃、小説」の類によっていたわけであり、『熊谷蓮生一代記』もその一角を占めたものと思われる。それは、現代でいえばNHKの大河ドラマで歴史の知識を得ているようなものともいえよう。だが、大河ドラマで知識を得たような人が歴史に関する著作を残すことは少ない。『武士道』はそのような意味で貴重な書物であるともいえよう。

『武士道』は、東洋人差別のひどかった時代に、新渡戸が西洋人に向けて「西洋文化にあるものは日本にもある」と主張するために、西洋騎士道をモデルとして日本武士を描こうとした著作である（佐伯『戦場の精神史』）。日本人に向けて、日本の武士の実像を述べようとしたものではない。従って、日本の武士の実態について知ろうとする者が読むべき書物ではない。しかし、近代初期の一般的な日本人の歴史理解、武士理解について知るためには、重要な書物である。熊谷直実は、そうした世界において、日本武士の代表ともいえる位置を占める武士だったわけである。だが、そのような位置は、中世・近世を通じて多様に語り継がれた武士・熊谷直実の物語の蓄積の上に、十九世紀初頭に大いに盛り上がった僧・蓮生への讃仰の物語が積み重なった結果として築かれたものであった。

終　章　熊谷直実から何を学ぶか

初めて人を殺した者の「狼狽」

以上、さまざまに見てきたように、熊谷直実＝蓮生の物語は、きわめて多様に語り継がれ、非常に多くの日本人に影響を与えてきた。現代に生きる私たちは、そこから何を学ぶことができるだろうか。蓮生が見せた浄土への情熱に必ずしも共感しない現代人でも、熊谷直実の物語から学び得ることは少なくないだろう。最後に、筆者なりに考えてみたい。

第二章3節や同5節で見たように、熊谷直実が敦盛を討った物語は、まさに人を殺す瞬間において、その罪深さを意識する心を描き出した物語であった。そして第三章2節で見たように、それはおそらくこの時代の武士たちの心に根を持った物語であった。この後、合戦が繰り返され、日常とさえ化していった時代には、その罪業意識は次第に鈍磨していったと思われるが、熊谷直実の生きた時代には、未だ殺人に新鮮な罪業意識を持つ武士たちがおり、また、そうした意識を共有する多くの人々がいた。そうした人々に熱い共感をもって受け止められたことが、熊谷直実の説話を非常に有名なものとして成長させ、第四章で見たようなさまざまな変奏を生む基となったと見られるわけである。

そのような罪業意識を、たとえば次のような想定と重ねることはできないだろうか。動物行動学者のコンラート・ローレンツは、太古、初めて手斧で他人を殺した人間は、次の瞬間、自分のしたことの恐ろしさに、どんなにおののいたことだろう——と想像した。ローレンツは、自然界の動物は同種の仲間同士では殺し合いをしないと見て、武器を発達させた人間だけが同種の仲間を殺すようになったのだと考えた。相手を殺すつもりではなかったのに、強力な武器で打つことにより、相手は突然死んでしまう。そのような恐ろしい行為を初めて犯してしまった人間は、想定外の無残な結果を眼前にして、どんなに恐れおののいただろうと想像されるわけである。ローレンツはいう。

同じ仲間が自分の前に倒れて死んだとき、かれは狼狽しただろうか。そうだ、それはたしかにうけあってもいい。

実は、野生動物はローレンツが考えたよりもずっと多く同種の殺し合いをすることが、その後の研究によって明らかにされたので、この考え方は、現在では修正を要する。しかし、人間が人間を殺してしまった時の「狼狽」という想像は、現在もなお有効なのではないだろうか。ローレンツが想像したような「狼狽」は、殺人が繰り返し発生するようになった後も、形を変えながら、何度も多くの人々を襲ったと考えられるからである。たとえば、熊谷直実が敦盛を殺そうとした直前に、相手を同種の人間、息子と同年配の少年と理解した瞬間に激しく「狼狽」したように。

兵は銃を撃てるか

人類がいやというほど同種の殺し合い即ち戦争を繰り返しても、人間同士の殺し合いに対する忌避感は消えない。心理学者・歴史学者で軍人でもあったデーヴ・グロスマンは、第二次世界大戦中、アメリカ軍のライフル銃兵は、百人中十五人から二十人しか敵に向かって発砲していなかったという、驚くべきデータを提示している。自分の身に危険が迫ったとき、たとえば「日本軍の捨て身の集団突撃にくりかえし直面したときでさえ、かれらはやはり発砲しなかった」というのである。グロスマンはその要因を、次のように説く。

その要因とはすなわち、ほとんどの人間の内部には、同類たる人間を殺すことに強烈な抵抗感が存在する、という単純にして明白な事実である。

しかし、同時にグロスマンはこうもいう。

適切な条件づけを行い、適切な環境を整えれば、ほとんど例外なくだれでも人が殺せるようになるし、また実際に殺すものだ。

実際、アメリカ陸軍は数多くの訓練法を開発し、それによって朝鮮戦争では発砲率が五十五パーセントに、さらにベトナム戦争では九十〜九十五パーセントに上昇したのだという。人間は、訓練次第で人を殺せるようになる生物なのである。ただし、そうして効率的に戦闘を行えるようになった結果、ベトナム戦争などでは非常に多くの「精神的戦闘犠牲者」、つまり精神を病む兵士が発生したようでもある。やはり、人間が人間を殺すことには本来的に無理があるのだろう。

訓練の繰り返しによって人を殺すことが平気になる、というのは、兵士個人の問題だけではあるまい。社会全体としても、戦争が常態化することによって、殺人にさほど衝撃を受けない人々が増えてゆくという面があるだろう。筆者は、平安時代から戦国時代への日本人の変化についても、そのようにとらえられる面があると思う。しかし、社会全体がそのように変化していったとしても、その成員の中に、ある日突然、原始の「狼狽」、つまり殺人への絶対的な忌避感を取り戻してしまう者が出ることは避けられないだろう。

グロスマンのような研究について、門外漢の筆者は信頼性を検証するどころか、関連する情報の収集すらできないが、現代の各国では、軍事的必要性から、ためらうことなく人を殺せるように兵士を訓練する研究が進められているのかもしれない。だが、そうした視点の研究とは全く異なる方向で、一般人の単なる知的興味として、人が人を殺すことをどのように意識するものなのか、考えてみたいという欲求が生ずることもまた必然である。そうした欲求を基盤として、軍事的研究とは異なる視点の研究が生まれる可能性もあるだろう。そのような方向の思索において、敵の敦盛が自分と同種の人間に見えた瞬間に殺せなくなったという心の動きを描く『平家物語』と、その変奏としての諸文芸は、有力な考察材料を与えてくれるのではないだろうか。

殺人を悲しむ戦争文学

そのように考えたとき、敦盛を討てずに苦しむ、そしてやむを得ず敦盛を殺して悲しむ熊谷直実の心の動きを描く『平家物語』の、文学としての貴重さを指摘せざるを得ない。前近代の戦争を描く文学は世界中に存在する。近代日本では特にヨーロッパの叙事詩と『平家物語』を比較することが多く、その実態は、日本文学を西洋列強の国民国家の文学と同列に置いて考えたいという欲求に発している面が強かったといわざるを得ないが、『平家物語』を叙事詩と規定することには無理があり（大津雄一）、比較の対象や方法には検討の余地があろう。とはいえ、悲劇の英雄の戦いを描き、語り物として広く伝えられたなどの点において、フランスの『ロランの歌』をはじめとするヨーロッパの叙事詩と『平家物語』には確かに似ている面が少なくない。

しかし、日下力が指摘するように、「この世に生きることの煩悶《はんもん》にどれほどの視線を及ぼしているか」、さらにいえば、戦う自分への懐疑をどれほど持っているかについては、ヨーロッパの叙事詩と『平家物語』には差があるといわざるを得ないだろう。

たとえば、『ロランの歌』においては、キリスト教世界を守るために異教徒と戦うのは絶対の正義であり、それについて、主人公ロランらが疑いを挟むことは一切ない。悩むのは、戦うか引くか、角笛を吹いて救援を求めるか否かなどといった問題であって、敵を殺すことは良いことなのかどうかなどといった問題が考えられることはない。聖職者である大司教チュルパンも先頭に立って戦い、敵の胴を刺し貫き、打ち倒すのであり、熊谷直実のような煩悶は存在する余地がない。

日下力は、次のように指摘している。

叙事詩に熊谷的人物が登場しないことの意味するところは、大きい。心情の世界に、現実の戦争体験が懐疑的な形で投影されているかどうかに関わるからである。

こうした違いの大きな要因は、『平家物語』などの主要な軍記物語が扱う合戦が、同じ文化を共有する者同士の、国内の戦いだったからだろう。敵が同種の人間に見えるという契機は、悪魔に譬えられるような異文化の敵との戦いにおいては生じにくい。熊谷直実は、同言語・同文化どころか、尊敬すべき都の文化を保持する敦盛と戦ったのだった。

もっとも、日本文学も国内の合戦を扱うものばかりではない。神功皇后説話は古代から近代に至るまで一貫して朝鮮半島への架空の侵略を誇ってきたし、近世には秀吉の朝鮮侵略を扱った「朝鮮軍記」や、薩摩の琉球侵略を扱った「薩琉軍記」、あるいはキリシタンとの戦いを扱った「島原軍記」なども作られた。「朝鮮軍記」「薩琉軍記」「島原軍記」はいずれも複数作品の総称であり、こうした分野に属する作品の総数は膨大なものがある。日本文学は国内の合戦しか扱わないというのは明らかに誤りであり、文学性の評価は別として、敵愾心に満ちているという意味ではヨーロッパ叙事詩に類似する作品を列挙することは容易である。日本の戦争を扱う文学が熊谷直実のような物語で満ちているわけではない。

さらにいえば、現代の文学史で主要な軍記物語とされる諸作品においても、熊谷直実のように戦場で敵を殺すことの煩悶を描いた例は少ない（子供を殺す悲しみを描くことは多いが）。『平家物語』でさえ、実は、敵を討ち取って手柄を立てたという視点に立った記事の方がはるかに多いのである。そうした意味では、日本文学の中でも熊谷直実の物語は特殊なものであるともいえよう。日本文学の代表として熊谷直実を取り出し、ヨーロッパ叙事詩と比較することにも問題はあるといわねばなるまい。

しかしながら、それが特殊であればあるほど、熊谷直実の物語は貴重なものであるともいえるだろう。古代の終わりと中世の始まりが交錯する時期、武士が敵を殺す行為が、社会全体から見ればまだ特殊なものであった頃に、その罪業に恐れおののいた新鮮な感性が、そこにはある。私たちはその価値を語り継ぎ、問い直し続けてゆかねばなるまい。

引用参考文献

第一章

大井教寛「鶴岡八幡宮領武蔵国熊谷郷における請所」（『日本歴史』七二二号、二〇〇八年。高橋修編『熊谷直実』戎光祥出版、二〇一九年再録）

太田亮『姓氏家系大辞典』（角川書店、一九六三年）

梶村昇『熊谷直実――法然上人をめぐる関東武者1』（東方出版、一九九一年）

熊谷市『熊谷市史・前編』（熊谷市、一九六三年）

佐伯真一『戦場の精神史――武士道という幻影』（日本放送出版協会、二〇〇四年）

高橋修『熊谷直実――中世武士の生き方』（吉川弘文館、二〇一四年）

高橋修編『シリーズ・中世関東武士の研究・二八　熊谷直実』（戎光祥出版、二〇一九年）

鴇田泉「流鏑馬行事と鎌倉武士団」（『藝能史研究』九九号、一九八七年一〇月）

野口実『坂東武士団の成立と発展』（弘生書林、一九八二年）

林譲「熊谷直実の出家と往生とに関する史料について――『吾妻鏡』史料批判の一事例」（『東京大学史料編纂所研究紀要』一五号、二〇〇五年三月）

牧野和夫「延慶本『平家物語』の一側面」（『藝文研究』三六号、一九七七年三月。『日本文学研究大成　平家物語Ⅰ』国書刊行会、一九九〇年、『延慶本平家物語の説話と学問』思文閣、二〇〇五年再録）

水原一「大東急記念文庫蔵『熊谷蓮生自筆状』」（『軍記と語り物』四号、一九六六年一二月。『中世古文学像の探求』新典社、一九九五年再録）
八代国治・渡辺世祐『武蔵武士』（博文館、一九一三年）

第二章

岩田準一『本朝男色考』（私家版、一九七三年）
上横手雅敬『平家物語の虚構と真実』（講談社、一九七三年）
梶原正昭「武士の罪業感と発心」（一九九五年初出。『軍記文学の位相』汲古書院、一九九八年）
金沢文庫『特別展　仏教説話の世界』（金沢文庫、二〇一五年）
亀山純生「中世初期東国武士の生活意識と精神の再構成」（『東京農工大学一般教育部紀要』二七巻、一九九一年三月）
川合康『源平合戦の虚像を剝ぐ――治承・寿永内乱史研究』（講談社、一九九六年）
川合康「生田森・一の谷合戦と地域社会」（歴史資料ネットワーク編『地域社会からみた「源平合戦」――福原京と生田森・一の谷合戦』岩田書院、二〇〇七年）
喜田貞吉「鵯越と一の谷」（初出一九二二年。『喜田貞吉著作集・四』平凡社、一九八二年再録）
五味文彦『殺生と信仰――武士を探る』（角川書店、二〇〇七年）
近藤好和『源義経――後代の佳名を胎す者か』（ミネルヴァ書房、二〇〇五年）
鈴木彰「『平家物語』と〈一の谷合戦〉――延慶本における合戦空間創出への指向を探りつつ」（初出二〇〇〇年。『平家物語の展開と中世社会』汲古書院、二〇〇六年）
水原一『平家物語の形成』（加藤中道館、一九七一年）

村上美登志「延慶本『平家物語』「三草山・一ノ谷合戦譚」の再吟味——義経の進撃路をめぐって」(『中世文学の諸相とその時代』和泉書院、一九九六年)
柳田國男「有王と俊寛僧都」(初出一九四〇年。『定本柳田国男集・七』筑摩書房、一九六八年、『柳田国男全集・一五』筑摩書房、一九九八年所収)

第三章

赤松俊秀「熊谷直実の上品上生往生立願について」(『続・鎌倉仏教の研究』平楽寺書店、一九六六年)
上杉和彦「中世成立期刑罰論ノート」(『遥かなる中世』一四号、一九九五年三月。『日本中世法体系成立史論』校倉書房、一九九六年再録)
上横手雅敬『平家物語の虚構と真実』(講談社、一九七三年)
梶村昇『熊谷直実——法然上人をめぐる関東武者1』(東方出版、一九九一年)
唐木順三『あづまみちのく』(中央公論社、一九七四年)
菊地大樹『鎌倉仏教への道——実践と修学・信心の系譜』(講談社、二〇一一年)
菊地勇次郎「伊豆山の浄蓮房源延」「伊豆山の浄蓮房源延補考」(『源空とその門下』法蔵館、一九八五年)
桜井好朗『隠者の風貌』六四頁(塙選書、一九六七年)
三田全信「伊豆山源延とその浄土教」(『浄土宗史の新研究』隆文館、一九七一年一一月)
高橋修『熊谷直実——中世武士の生き方』(吉川弘文館、二〇一四年)
冨倉徳次郎『平家物語全注釈・下(一)』(角川書店、一九六七年)
永井路子『つわものの賦』(文藝春秋、一九七八年)
中野玄三「来迎図論争——『来迎図の美術』再論」(『方法としての仏教文化史——ヒト・モノ・イメージの歴史

学』勉誠出版、二〇一〇年。『来迎図の美術　増補版』同朋舎メディアプラン、二〇一三年再録）
中村生雄「熊谷直実の来迎観念——『法然上人行状絵図』と『迎接曼荼羅由来記』を中心にして」（『駒沢国文』二四号、一九八七年二月）
納富常天「三浦義村の迎講と伊豆山源延——鎌倉における弥陀信仰を通して」（『金沢文庫資料の研究』法蔵館、一九八二年）
林譲「熊谷直実の出家と往生とに関する史料について——『吾妻鏡』史料批判の一事例」（『東京大学史料編纂所研究紀要』一五号、二〇〇五年三月。高橋修編『熊谷直実』戎光祥出版、二〇一九年再録）
樋口州男「「鎌倉武士と遁世」覚書」（『民衆史研究』一〇号、一九七二年五月。『中世の史実と伝承』東京堂出版、一九九一年再録）
松井輝昭「熊谷直実の救済の論理と法然教——伝承のはざまにて」（広島史学研究会編『史学研究五十周年記念論叢　日本編』一九八〇年。高橋修編『熊谷直実』戎光祥出版、二〇一九年再録）
水原一『平家物語の形成』（加藤中道館、一九七一年）
水原一「大東急記念文庫蔵『熊谷蓮生自筆状』」（『軍記と語り物』四号、一九六六年一二月。『中世古文学像の探求』新典社、一九九五年再録）
森内優子「熊谷直実の出家に関する一考察——問注所の移転をめぐって」（埼玉県立文書館『文書館紀要』二一号、二〇〇八年三月。高橋修編『熊谷直実』戎光祥出版、二〇一九年再録）
八代国治『吾妻鏡の研究』（明世堂書店、一九四一年）
吉村稔子「清涼寺蔵迎接曼荼羅と上品上生願」（『美術史』一二六号、一九八九年三月。高橋修編『熊谷直実』戎光祥出版、二〇一九年再録）

第四章

石田拓也「熊谷直実の伝承（付）翻刻『直実入道蓮生一代事跡』」（『大東文化大学紀要人文科学』二一号、一九八三年三月）
石田拓也「法然寺の熊谷直実縁起」（『大東文化大学紀要人文科学』二四号、一九八六年三月）
内山美樹子「『一谷嫩軍記』と浄瑠璃の先行作品」（『早稲田大学大学院文学研究科紀要』四〇輯、一九九五年二月）
岡見正雄「説教と説話——多田満仲・鹿野苑物語・有信卿女事」（『仏教芸術』五四号、一九六四年五月）
熊谷市立熊谷図書館編『郷土の雄　熊谷次郎直実』（熊谷市立熊谷図書館、二〇一〇年）
児玉竜一「『一谷嫩軍記』攷」（『演劇学』三二号、一九九一年三月）
小林健二「幸若舞曲とお伽草子」（『お伽草子百花繚乱』笠間書院、二〇〇八年）
五来重『高野聖』（角川書店・一九六五年。増補版一九七五年）
佐伯真一『戦場の精神史——武士道という幻影』（日本放送出版協会、二〇〇四年）
佐伯真一「『平家物語』における男色」（『青山語文』四七号、二〇一七年三月）
佐伯真一「熊谷・敦盛説話の近世的変容——父子関係を中心に」（青木敦編『世界史のなかの近世』慶應義塾大学出版会、二〇一七年）
佐伯真一「軍記物語と「武士道」の間」（『季刊悠久』一四九号、二〇一七年五月。『軍記物語と合戦の心性』第六部三章、文学通信、二〇二一年再録）
佐谷眞木人『平家物語から浄瑠璃へ——敦盛説話の変容』（慶應義塾大学出版会、二〇〇二年）
関山和夫『説教の歴史的研究』（法蔵館、一九七三年）
田中允『未刊謡曲集・二』（古典文庫・第二〇四冊、一九六四年）、同『未刊謡曲集・二十』（同・第三〇四冊、

一九七二年)、同『未刊謡曲集・続四』(同・第五〇九冊、一九八九年)

土屋順子「『熊谷蓮生一代記』解題」(『復刻熊谷蓮生一代記』熊谷市立図書館、二〇〇〇年)

土屋順子「近世における熊谷直実の伝承——『熊谷蓮生一代記』を中心に」(『藝能文化史』二一号、二〇〇四年七月)

堤邦彦「通俗仏書と仮名草子」(『庶民仏教と古典文学』世界思想社、一九八九年。「勧化本概説」として『近世仏教説話の研究——唱導と文芸』翰林書房、一九九六年再録)

堂本正樹「番外曲水脈(一〇九)~(一一一)」(『能楽タイムズ』四三七~四三九号、一九八八年八~一〇月)

中村幸彦「読本展回史の一齣」(『国語国文』一九五八年。『中村幸彦著述集・五』中央公論社、一九八二年)

西義之「Bushido考——新渡戸稲造の場合」(『比較文化研究』二〇輯、一九八二年三月)、「Bushido考——新渡戸稲造とB・Hチェンバレンそのほか」(『比較文化研究』二一輯、一九八三年三月)

西野春雄「元雅の能」(『文学』四一巻七号、一九七三年七月)

野口泰助「熊谷発心伝(一《(ママ)》)」「熊谷発心伝二の巻」「熊谷発心三《(ママ)》の巻」(以上、『熊谷市郷土分科会だより』七~九号、一九六四~六五年)、「熊谷発心三《(ママ)》の巻」「熊谷発心伝五の巻」「熊谷発心六の巻」「熊谷発心七の巻」(以上、『熊谷市郷土文化会誌』一〇~一四号、一九六六年五月~一九六七年一一月)

早川由美「身替り悲劇の生成——満仲の伝承の変化をめぐって」(『東海近世』一三号、二〇〇二年一〇月)

原道生「「身替り」劇をめぐっての試論——逆説的な「生」の意義づけ」(『古典にみる日本人の生と死——いのちへの旅』笠間書院、二〇一三年)

肥留川嘉子「「こあつもり」論」(『藝能史研究』五九号、一九七七年一〇月。『説経の文学的研究』和泉書院、一九八六年再録)

牧野和夫「延慶本『平家物語』の一側面」(『藝文研究』三六号、一九七七年三月。『日本文学研究大成　平家物

語Ⅰ』国書刊行会、一九九〇年、『延慶本平家物語の説話と学問』思文閣、二〇〇五年再録）
水原一『平家物語の形成』（加藤中道館、一九七一年）
美濃部重克「「こあつもり」考」（『南山国文論集』九号、一九八五年三月。『中世伝承文学の諸相』和泉書院、一九八八年再録）
三宅晶子「世阿弥からの出発――元雅・禅竹の時代」（『能・研究と評論』一四号、一九八六年五月。『歌舞能の確立と展開』ぺりかん社、二〇〇一年再録）
向井芳樹「身替りの論理」（『近松の方法』桜楓社、一九七六年）
室木弥太郎『語り物の研究』第三篇第四章（風間書房、一九七〇年。増訂版一九八一年）
梁瀬一雄「『熊谷発心伝』（翻刻）」（『梁瀬一雄著作集・九　仏教文学研究』（加藤中道館、一九八六年）

終章

大津雄一『平家物語の再誕――創られた国民叙事詩』（NHK出版、二〇一三年）
日下力『『平家物語』という世界文学』（笠間書院、二〇一七年）
デーヴ・グロスマン『戦争における「人殺し」の心理学』（安原和美訳。ちくま学芸文庫、二〇〇四年）
佐伯真一『戦場の精神史――武士道という幻影』（日本放送出版協会、二〇〇四年）
コンラート・ローレンツ『攻撃――悪の自然誌　1・2』（日高敏隆・久保和彦訳。みすず書房、一九七〇年）

あとがき

依頼を受けた時から十五年以上も経ってしまったが、ようやく『熊谷直実』を書き上げることができた。実は、依頼を受けた際には複数の候補を提示され、その中から迷わず熊谷直実を選んだのだった。その選択自体は全く後悔していないどころか、熊谷直実を正面から考えることができて良かったとしみじみ思っているのだが、当初の考えがいささか甘かったことは否定できない。これほどの期間を要してしまったのは、筆者の怠惰や能力の限界によるものではあるが、熊谷直実という存在の全体像を考えるという課題は、お引き受けした時に漠然と考えていたよりも、はるかに広い視野と多様な分野にわたる検討を必要とするものであった。

筆者の専門は軍記物語などの文学研究である。その視野からは、熊谷直実といえば、『平家物語』の熊谷・敦盛説話の問題を考えた上で、『吾妻鏡』と限られた数の文書及び『法然伝』などを検討すれば、ある程度、実像を明らかにすることができそうに見えていたところがある。しかし、「『吾妻鏡』と限られた数の文書」の検討だけでも、昨今の歴史学の研究は大きく展開している（その方面については、高橋修氏の『熊谷直実——中世武士の生き方』と『シリーズ・中世関東武士の研究・二八　熊谷直実』

に学ばせていただいた面が大きいことは申し添えておきたい)。

また、『法然伝』や『迎接曼荼羅』の考察には、仏教学や美術史などの分野の多岐にわたる研究史を学ぶことが必要であった。そして、そうしたさまざまな分野の研究を見ているうちに、研究者をも含む多くの日本人の中にできあがっている熊谷直実像自体が、どのように形成されてきたのか、熊谷直実自身の生存時から現代に至る過程をたどってみなければならないと考えるようになり、現地踏査を含めて、課題はどんどんふくれあがっていった(言い訳になるが、そこにコロナ禍がぶつかったことも、さらなる遅延の一因ではあった)。

熊谷直実の人物像は、彼自身が生存した時期から、既に虚構化が始まっていたように見える。いや、熊谷直実自身が、客観的には「虚構」と見なすべき人物像を作り始めていたようにさえ思われる。そして、後代、その人物像は大きくふくれあがり、日本文化史に重要な位置を占めるに至った。そのような人物を考察するには、ただ「史実」を追求するという考え方ではなく、広い視野を保つ精神史の中に熊谷直実を位置づける考察が必要となるだろう。本書がそれを果たし得ているかどうかはわからないが、そうした試みであることをご理解いただければ、うれしく思う。

現代の多くの日本人の武士に対する関心は、合戦に勝ち抜いて権力を握った人物への讃仰に偏りがちであるように感じられる。また、歴史を見る自分自身の発想、ものの考え方がどのように形成されてきたのかに関する自省的考察が不足したまま、ただ「史実」を考えようとしている場合も少なくないのではないだろうか。本書が、もしも、熊谷直実のように虚構に満ちた人物像を考察することの意義を考えていただくきっかけになることがあれば、望外の幸せである。

執筆に時間がかかりすぎたことについては、いくつかお詫びと反省の弁を述べておかねばならない。好著『熊谷直実――法然上人をめぐる関東武者1』の著者であった梶村昇氏には、お孫さんが私の勤務していた大学で学んでいたという奇縁によって一度お目にかかったが、生前に本書をお目にかけることができなかった。慚愧の念に堪えない。また、近世俗伝の重要さを教えてくれたのは、私のゼミで卒論を書いたTさん（現Hさん）だったけれど、あきれられるほど遅れてごめんなさい。担当編集者も何度も交替した。お詫びと言い訳を繰り返した末、冨士一馬さんの代になって、ようやく本格的にお世話になることができた。冨士さんには数々の有益な助言をいただいた。このような小さな書物も、さまざまな方のご助力によってはじめて成ったものであることを記して、あとがきとしたい。

二〇二三年八月

佐伯真一

熊谷直実略年譜

和暦	西暦	齢	関係事項	一般事項
保延 四	一一三八	1	熊谷直実、この頃出生か。	
五	一一三九	2	この頃から久下直光に養われる。	
久寿 二	一一五五	18	8・16武蔵国大蔵合戦。源義平、義賢を討つ。直実も参戦した可能性あり。この頃までに京都で大番役を経験。	
保元 元	一一五六	19	7・11保元の乱。直実も源義朝勢として参戦したか(『保元物語』)。	
平治 元	一一五九	22		12月平治の乱。
永暦 元	一一六〇	23		平知盛、武蔵国を知行。
治承 四	一一八〇	43	8・23石橋山合戦に平家方として参戦。11・4金砂城合戦で頼朝勢として参戦。11・7金砂城合戦で平山季重と共に抜群の戦功をあげる。	8・17源頼朝挙兵、山木兼隆を討つ。8・23石橋山合戦。頼朝敗北し、安房へ逃れる。10・7頼朝関東を席捲し、鎌倉に入る。10・20富士川合戦。平家敗北。

				11・4〜8頼朝、常陸に入り、佐竹氏を討つ。
養和 元	一一八一	44		閏2・4平清盛没。この年から翌年にかけて、養和の飢饉。
寿永 元	一一八二	45	6・5佐竹氏討伐の勲功により武蔵国の旧領を回復する。	
二	一一八三	46		5・11倶利伽羅合戦。源義仲、平家軍を破る。7・25平家都落ち。10・14寿永二年十月宣旨。頼朝の東国権力が公認される。11・19法住寺合戦。
三 元暦 元	一一八四	47	1・20宇治川合戦に義経勢として参戦か（延慶本『平家物語』などによる）。2・7一ノ谷合戦の西の木戸口で先陣をとげた後、平敦盛を討つ。	1・20源義仲、頼朝勢に敗れ、討死。2・7一ノ谷合戦。頼朝勢が平家を破る。
二 文治 元	一一八五	48	10・24勝長寿院落慶供養の随兵を直実は勤めず、子息直家が勤める。	2・19屋島合戦。平家、拠点としていた屋島を追われる。3・24壇ノ浦合戦。平家滅亡。11・3源義経、都を落ちて西国へ向かうが難破、逃亡する。
二	一一八六	49		2・10義経、奥州平泉に到着。

三	一一八七	50	8・4鶴岡八幡宮の流鏑馬で的立役を拒否し、所領の一部を没収される。この後、建久元年（一一九〇）頃までに出家か。	
四	一一八八	51	3・15鶴岡八幡大般若経供養の随兵を直実は勤めず、子息直家が勤める。	
五	一一八九	52	6・9鶴岡八幡塔供養の随兵を直実は勤めず、子息直家が勤める。7・19奥州攻めの軍勢が鎌倉を出発。直実は加わらず、子息直家が加わる。7・25小山政光、奥州攻めの陣中で熊谷直家の武功を笑う。	閏4・20藤原泰衡が源義経を討ち取る。7～8月奥州藤原氏、頼朝の攻撃により滅亡。
建久元	一一九〇	53	11・7頼朝上洛の随兵を直実は勤めず、子息直家が勤める。	11・7源頼朝上洛。11・24頼朝、右大将に任じられる。
二	一一九一	54	3・1子息真家に所領の一部を譲り「蓮生」と署名（「熊谷蓮生直実譲状」）。直実はこれ以前に出家していた。	
三	一一九二	55	11・25久下直光と所領をめぐって訴訟、審理の途中で出奔する。12・11直実が走湯山にいるという報告あり。12・29上洛を断念して武蔵国で隠居（以上、この年の三項は『吾妻鏡』による）。	7・12源頼朝、征夷大将軍となる。
四	一一九三	56	この頃に上洛、法然の弟子となる。	
六	一一九五	58	8・10武蔵国へ下向。鎌倉で頼朝と対面する。この	

年号	西暦	年齢	事項	関連事項
九	一一九八	61	頃以降、武蔵国で専修念仏の集団を形成したか。	3月法然『選択本願念仏集』を撰する。
建仁 二	一二〇二	65	9・5法然、蓮生に『迎接曼荼羅』を送る（?）。	
元久 元	一二〇四	67	この頃、蓮生、信者らに奇瑞を示す（大東急記念文庫蔵『奇瑞記』）。5・13上品上生を願う誓願状を記す。5・22往生がかなう夢を見る。6・23同様の夢を見る（以上の三項目は清涼寺蔵『誓願状』による）。11・8七箇条制誡に署名。	11・7法然、念仏批判に応えて七箇条制誡を定める。
三 建永 元	一二〇六	69	8月翌年二月八日の往生を予告する（『法然伝』）。10・1往生がかなう夢を見る（清涼寺蔵『夢記』）。	
二 承元 元	一二〇七	70	2・8往生を九月四日に延期。4・3証空、法然の意を体して、武蔵国にいる蓮生に手紙を送る。9・4武蔵国で予告通りの日に没（『法然伝』）。	2・18専修念仏を停止、法然を土佐に配流（建永の法難）。法然は讃岐に留まる。4・5九条兼実没。12・8法然に勅免の宣旨が下る。
二	一二〇八	71	9・14蓮生、京都東山で予告通りの日に没したとの説あり（『吾妻鏡』）。	
延応 二	一二四〇			この頃までに『平家物語』の原型が成立か

延慶 二	一三〇九			延慶本『平家物語』の祖本、翌年にかけて書写される。
応安 四	一三七一			覚一本『平家物語』成立。
応永三十	一四二三			世阿弥の謡曲「敦盛」これ以前に成立。
大永 元	一五二一			御伽草子『小敦盛』これ以降に成立か。幸若舞曲「敦盛」この前後頃成立。
元禄十四	一七〇一			浄瑠璃「源平花いくさ八つるぎでん」この年以後成立か。
享保十五	一七三〇			浄瑠璃「須磨都源平躑躅」初演。
寛延 三	一七五〇			勧化本『迎接記文針芥鈔』刊行。
宝暦 元	一七五一			浄瑠璃「一谷嫩軍記」初演。
文化 八	一八一一			『熊谷蓮生一代記』刊行。
文政十二	一八二九			『熊谷発心伝』これ以前に成立。
明治三二	一八九九			新渡戸稲造『BUSHIDO, THE SOUL OF JAPAN』、アメリカで刊行。

人名索引

※熊谷直実（蓮生），平敦盛については頻出のため省略した。

た　行

な　行

は　行

ま　行

や・ら・わ　行

事項索引

※『平家物語』,『吾妻鏡』については頻出のため省略した。ただし,『平家物語』の主な異本名に関してはそれぞれ立項してある。

さ 行

た 行

な 行

は 行

ま 行

や 行

ら 行

《著者紹介》

佐伯真一（さえき・しんいち）

1953年　千葉県生まれ。

1976年　同志社大学文学部卒業。

1982年　東京大学大学院人文科学研究科博士課程単位取得退学。博士（文学）。
帝塚山学院大学助教授，国文学研究資料館助教授を経て，

現　在　青山学院大学名誉教授。

著　書　『平家物語遡源』若草書房，1996年。
『戦場の精神史——武士道という幻影』日本放送出版協会，2004年。
『「武国」日本——自国意識とその罠』平凡社新書，2018年。
『軍記物語と合戦の心性』文学通信，2021年。
『四部合戦状本平家物語全釈』（共著）和泉書院，2000年～刊行中。
『平家物語大事典』（共編）東京書籍，2010年。

ミネルヴァ日本評伝選

熊《くま》谷《がい》直《なお》実《ざね》

——浄土にも剛の者とや沙汰すらん——

2023年12月10日　初版第１刷発行　〈検印省略〉

定価はカバーに
表示しています

著　者　佐　伯　真　一
発行者　杉　田　啓　三
印刷者　江　戸　孝　典

発行所　株式会社　ミネルヴァ書房

607-8494　京都市山科区日ノ岡堤谷町１
電話代表（075）581-5191
振替口座 01020-0-8076

共同印刷工業・新生製本

ISBN978-4-623-09627-5

Printed in Japan

刊行のことば

歴史を動かすものは人間であり、興趣に富んだ人間の動きを通じて、世の移り変わりを考えるのは、歴史に接する醍醐味である。

しかし過去の歴史学を顧みるとき、人間不在という批判さえ見られたように、歴史における人間のすがたが、必ずしも十分に描かれてきたとはいえない。二十一世紀を迎えた今、歴史の中の人物像を蘇生させようとの要請はいよいよ強く、またそのための条件もしだいに熟してきている。

この「ミネルヴァ日本評伝選」は、正確な史実に基づいて書かれるのはいうまでもないが、単に経歴の羅列にとどまらず、歴史を動かしてきたすぐれた個性をいきいきとよみがえらせたいと考える。そのためには、対象とした人物とじっくりと対話し、ときにはきびしく対決していくことも必要になるだろう。

今日の歴史学が直面している困難の一つに、研究の過度の細分化、瑣末化が挙げられる。それは緻密さを求めるが故に陥った弊害といえるが、その結果として、歴史の大きな見通しが失われ、歴史学を通しての社会への働きかけの途が閉ざされ、人々の歴史への関心を弱める危険性がある。今こそ歴史が何のためにあるのかという、基本的な課題に応える必要があろう。評伝という興味ある方法を通じて、解決の手がかりを見出せないだろうかというのも、この企画の一つのねらいである。

狭義の歴史学の研究者だけでなく、多くの分野ですぐれた業績をあげている著者たちを迎えて、従来見られなかった規模の大きな人物史の叢書として、「ミネルヴァ日本評伝選」の刊行を開始したい。

平成十五年（二〇〇三）九月

ミネルヴァ書房

ミネルヴァ日本評伝選

企画推薦
梅原　猛
ドナルド・キーン
佐伯彰一
角田文衞

監修委員
上横手雅敬
芳賀　徹

編集委員
石川九楊
伊藤之雄
猪木武徳
今谷　明
今橋映子
熊倉功夫
佐伯順子
坂本多加雄
武田佐知子
竹西寛子
西口順子
兵藤裕己
御厨　貴

上代

＊卑弥呼　古田武彦
日本武尊　西宮秀紀
＊仁徳天皇　若井敏明
雄略天皇　吉村武彦
継体天皇　若井敏明
＊蘇我氏四代　遠山美都男
＊推古天皇　義江明子
聖徳太子　仁藤敦史
斉明天皇　武田佐知子
＊小野妹子・毛人・毛野　大橋信弥
＊額田王　梶川信行
弘文天皇　遠山美都男
天武天皇　新川登亀男
持統天皇　丸山裕美子
阿倍比羅夫　熊田亮介
＊藤原四子　木本好信
役小角　脊古真哉
＊柿本人麿　古橋信孝
＊元明天皇・元正天皇　渡部育子
聖武天皇　本郷真紹
光明皇后　寺崎保広
＊孝謙・称徳天皇　勝浦令子
藤原不比等　荒木敏夫
橘諸兄・奈良麻呂　遠山美都男
吉備真備　今津勝紀
＊藤原仲麻呂　木本好信
道鏡　吉川真司
＊藤原種継　木本好信
＊行基　吉田靖雄

平安

＊桓武天皇　井上満郎
嵯峨天皇　西別府元日
宇多天皇　古藤真平
醍醐天皇　石上英一
村上天皇　京樂真帆子
花山天皇　上島享
＊三条天皇　倉本一宏
藤原薬子　中野渡俊治
＊藤原良房・基経　瀧浪貞子
＊紀貫之　神田龍身
＊安倍晴明　斎藤英喜
＊藤原道長　朧谷寿
＊藤原伊周・隆家　倉本一宏
藤原定子　山本淳子
＊藤原彰子　朧谷寿
藤原頼通　末松剛
清少納言　三田村雅子
和泉式部　ツベタナ・クリステワ
大江匡房　小峯和明
＊阿弖流為　樋口知志
坂上田村麻呂　熊谷公男
＊源満仲・頼光　元木泰雄
平将門　西山良平
＊藤原純友　寺内浩
源義家　大津雄一
最澄　吉田一彦
空海　武内孝善
円珍　岡野浩二
＊空也　石井義長
奝然　上川通夫
＊源信　小原仁
慶滋保胤　吉原浩人
安倍貞任　野中哲照
＊後白河天皇　美川圭
＊式子内親王　奥野陽子
建礼門院　生形貴重
藤原頼長・師長　樋口健太郎
＊藤原秀衡　入間田宣夫
平時子・時忠　元木泰雄
平維盛　根井浄
木曾義仲　樋口州男
守覚法親王　阿部泰郎
藤原隆信・信実　山本陽子

鎌倉

＊源頼朝　川合康
＊源義経　近藤好和
源実朝　神田龍身
＊九条兼実　加納重文
九条道家　上横手雅敬
＊北条時政　野口実
＊熊谷直実　佐伯真一
＊北条政子　関幸彦
＊北条義時　岡田清一
曾我十郎・五郎　杉橋隆夫
後鳥羽天皇　兵藤裕己
北条時頼　山本隆志
北条時宗　近藤成一
平頼綱　細川重男
竹崎季長　堀本一繁
西行　西澤美仁
鴨長明　浅見和彦
藤原定家　赤瀬信吾
＊京極為兼　今谷明
＊兼好　島内裕子
重源　横内裕人
＊運慶　根立研介
快慶　井上一稔
法然　今堀太逸
＊栄西　中尾良信
明恵　西山厚
＊親鸞　末木文美士
恵信尼・覚信尼　西口順子
覚如　今井雅晴
＊道元　船岡誠
叡尊　細川涼一
＊忍性　松尾剛次
＊日蓮　佐藤弘夫
一遍　蒲池勢至
夢窓疎石　原田正俊
＊宗峰妙超　竹貫元勝

南北朝・室町

後醍醐天皇　上横手雅敬

*護良親王　新井孝重
*懐良親王　森茂暁
*赤松氏五代　渡邊大門
*北畠親房　岡野友彦
楠正成　兵藤裕己
*楠木正行・正儀　生駒孝臣
*新田義貞　山本隆志
*光厳天皇　深津睦夫
足利尊氏　市沢哲
*足利直義　亀田俊和
佐々木道誉　下坂守
細川頼之　亀田俊和
円観・文観　田中貴子
足利義詮　早島大祐
*足利義持　吉田賢司
足利義教　秦野裕介
足利持氏　植田真平
足利義政　木下昌規
三条西実隆　前田雅之
*日野富子　田端泰子
*大内義弘　平瀬直樹
伏見宮貞成親王　松薗斉
*山名宗全　山本隆志
細川勝元・政元　古野貢
畠山義就　呉座勇一
足利成氏　阿部能久
世阿弥　西野春雄
雪舟等楊　河合正朝
宗祇　鶴崎裕雄
一条兼良　田村航
*満済　森茂暁
一休宗純　原田正俊

蓮如　岡村喜史

戦国・織豊

北条早雲　家永遵嗣
*北条氏綱　黒田基樹
*北条氏政　黒田基樹
*大内義隆　藤井崇
*斎藤氏四代　木下聡
*毛利元就　岸田裕之
*毛利輝元　光成準治
*小早川隆景・秀秋　光成準治
*六角定頼　村井祐樹
*今川義元　小和田哲男
*武田信玄　笹本正治
*武田勝頼　笹本正治
*真田氏三代　笹本正治
*三好長慶　天野忠幸
松永久秀　天野忠幸
*宇喜多直家・秀家　渡邊大門
*上杉謙信　矢田俊文
*大友義鎮　鹿毛敏夫
島津義久・義弘　福島金治
細川幽斎　鈴木元
*長宗我部元親・盛親　平井上総
*最上氏三代　松尾剛次
浅井長政　長谷川裕子
蠣崎・松前氏五代　新藤透
吉田兼倶　西山克
山科言継　松薗斉
*雪村周継　赤澤英二

正親町天皇・後陽成天皇　神田裕理
*足利義輝・義昭　山田康弘
織田信長　三鬼清一郎
織田長益　八尾嘉男
織田信雄　柴裕之
*明智光秀・秀満　小和田哲男
豊臣秀吉　藤井讓治
豊臣秀次　矢部健太郎
*北政所おね　田端泰子
*淀殿　福田千鶴
筒井氏三代　片山正彦
蜂須賀正勝・家政　三宅正浩
前田利家　東四柳史明
*山内一豊・忠義　長屋隆幸
*黒田如水　小和田哲男
*蒲生氏郷　藤田達生
大谷吉継　石畑匡基
石田三成　堀越祐一
*細川ガラシャ　田端泰子
*支倉常長　田中英道
千利休　熊倉功夫
*長谷川等伯　宮島新一
*顕如　神田千里
教如　安藤弥

江戸

*徳川家康　笠谷和比古
板倉勝重　谷徹也
本多忠勝　柴裕之
本多正純　小川雄
柳生宗矩　福田千鶴
*徳川家光　野村玄
柳沢吉保　福留真紀
徳川吉宗　横田冬彦
*後水尾天皇　久保貴子
*光格天皇　藤田覚
*春日局　福田千鶴
宮本武蔵　渡邊大門
*池田光政　倉地克直
保科正之　八木清治
シャクシャイン　岩崎奈緒子
*田沼意次　藤田覚
細川重賢　安高啓明
松平治郷　小林准士
*二宮尊徳　小林惟司
*末次平蔵　岡美穂子
*高田屋嘉兵衛　生田美智子
沢庵宗彭　芳澤元
*林羅山　鈴木健一
吉野太夫　渡辺憲司
*熊沢蕃山　川口浩
*山崎闇斎　澤井啓一
山鹿素行　前田勉
*北村季吟　島内景二
*伊藤仁斎　澤井啓一
貝原益軒　辻本雅史
関孝和　佐藤賢一
*ケンペル　B・M・ボダルト＝ベイリー
新井白石　大川真
*雨森芳洲　上田正昭
石田梅岩　高野秀晴

白隠慧鶴　芳澤勝弘
前野良沢　松田清
平賀源内　石上敏
本居宣長　田尻祐一郎
杉田玄白　吉田忠
木村蒹葭堂　有坂道子
*大田南畝　沓掛良彦
*菅江真澄　赤坂憲雄
*鶴屋南北　諏訪春雄
*山東京伝　佐藤至子
*滝沢馬琴　高田衛
平田篤胤　山下久夫
国友一貫斎　太田浩司
シーボルト　宮坂正英
本阿弥光悦　岡佳子
*狩野探幽・山雪　山下善也
尾形光琳・乾山　河野元昭
*二代目市川團十郎　田口章子
伊藤若冲　狩野博幸
*浦上玉堂　高橋博巳
*佐竹曙山　成瀬不二雄
葛飾北斎　岸文和
酒井抱一　玉蟲敏子
孝明天皇　青山忠正
*和宮　辻ミチ子
徳川慶喜　大庭邦彦
島津斉彬　原口泉
*横井小楠　沖田行司
*古賀謹一郎　小野寺龍太
*永井尚志　高村直助
*岩瀬忠震　小野寺龍太

＊栗本鋤雲　小野寺龍太
＊大村益次郎　竹本知行
岩倉具視　斎藤紅葉
河井継之助　小川和也
松平春嶽　大石学
＊西郷隆盛　家近良樹
＊由利公正　角鹿尚計
＊橋本左内　角鹿尚計
＊塚本明毅　塚本学
松平容保　白石烈
＊山岡鉄舟・高橋泥舟　岩下哲典
三条実美　奈良勝司
＊月性　海原徹
＊吉田松陰　海原徹
＊高杉晋作　海原徹
＊久坂玄瑞　一坂太郎
ペリー　遠藤泰生
ハリス　福岡万里子
オールコック　佐野真由子
アーネスト・サトウ　奈良岡聰智

近代

＊明治天皇　伊藤之雄
＊大正天皇　F・R・ディキンソン
＊昭憲皇太后・貞明皇后　小田部雄次
大久保利通　三谷太一郎
木戸孝允　落合弘樹
井上馨　伊藤之雄
＊松方正義　室山義正

榎本武揚　醍醐龍馬
北垣国道　小林丈広
板垣退助　小川原正道
長与専斎　笠原英彦
大隈重信　五百旗頭薫
伊藤博文　坂本一登
井上毅　大石眞
＊井上勝　老川慶喜
三浦梧楼　大澤博明
＊桂太郎　小林道彦
東郷平八郎　金澤裕之
＊渡邉洪基　瀧井一博
＊乃木希典　佐々木英昭
星亨　小林道彦
林董　奈良岡聰智
＊児玉源太郎　小林道彦
＊高宗・閔妃　木村幹
山本権兵衛　室山義正
＊金子堅太郎　松村正義
高橋是清　鈴木俊夫
小村寿太郎　簑原俊洋
＊犬養毅　小林惟司
原敬　季武嘉也
＊加藤高明　櫻井良樹
牧野伸顕　小宮一夫
田中義一　黒沢文貴
内田康哉　高橋勝浩
平沼騏一郎　堀田慎一郎
＊鈴木貫太郎　小堀桂一郎
宇垣一成　北岡伸一
＊宮崎滔天　榎本泰子
＊浜口雄幸　川田稔
幣原喜重郎　西田敏宏

関一
水野広徳
＊広田弘毅
安重根
＊グルー　廣部泉
＊永田鉄山　森靖夫
東條英機　牛村圭
今村均　前田雅之
蒋介石　劉岸偉
近衛文麿　庄司潤一郎
＊岩崎弥太郎　武田晴人
伊藤忠兵衛　末永國紀
＊五代友厚　田付茉莉子
大倉喜八郎　村上勝彦
＊安田善次郎　由井常彦
＊渋沢栄一　武田晴人
中野武営　佐賀香織
山辺丈夫　宮本又郎
＊大川平三郎　四方田雅史
武藤山治　阿部武司・桑原哲也
池田成彬　松浦正孝
西原亀三　森川正則
小林一三　橋爪紳也
大倉恒吉　石川健次郎
大原孫三郎　猪木武徳
＊河竹黙阿弥　今尾哲也
イザベラ・バード　加納孝代
小泉八雲　斎藤英喜
＊林忠正　木々康子
＊森鴎外　小堀桂一郎
＊二葉亭四迷　ヨコタ村上孝之

規　井上泰至
漱石　佐々木英昭
富蘆花　半藤英明
巌谷小波　千葉信胤
樋口一葉　佐伯順子
＊島崎藤村　十川信介
泉鏡花　東郷克美
上田敏　小林茂
＊有島武郎　亀井俊介
志賀直哉　小林幸夫
北原白秋　平石典子
菊池寛　山本芳明
芥川龍之介　高橋龍夫
＊宮沢賢治　千葉一幹
高浜虚子　坪内稔典
与謝野晶子　佐伯順子
＊種田山頭火　村上護
＊斎藤茂吉　品田悦一
＊高村光太郎　湯原かの子
石川啄木　先崎彰容
＊原阿佐緒　秋山佐和子
＊狩野芳崖・高橋由一　古田亮
川村清雄　落合則子
＊小堀鞆音　小堀桂一郎
竹内栖鳳　北澤憲昭
黒田清輝　高階秀爾
中村不折　石川九楊
横山大観　高階秀爾
＊橋本関雪　西原大輔
土田麦僊　天野一夫
岸田劉生　北澤憲昭
濱田庄司　濱田琢司
＊山田耕筰　後藤暢子

松旭斎天勝　川添裕
中山みき　鎌田東二
佐田介石　谷川穣
＊ニコライ　中村健之介
＊出口なお・王仁三郎　川村邦光
＊新島襄　太田雄三
新島八重　佐伯順子
木下広次　冨岡勝
山川健次郎　小宮京・中澤俊輔
嘉納治五郎　クリストファー・スピルマン
＊柏木義円　片野真佐子
津田梅子　田中智子
＊澤柳政太郎　新田義之
＊河口慧海　高山龍三
＊山室軍平　室田保夫
大谷光瑞　白須淨眞
＊久米邦武　髙田誠二
フェノロサ　伊藤豊
井上哲次郎　井ノ口哲也
三宅雪嶺　長妻三佐雄
＊岡倉天心　木下長宏
志賀重昂　中野目徹
徳富蘇峰　杉原志啓
＊竹越与三郎　西田毅
内藤湖南・桑原隲蔵　礪波護
＊廣池千九郎　橋本富太郎
岩村透　今橋映子
＊西田幾多郎　大橋良介
＊金沢庄三郎　石川遼子

*柳田国男　鶴見太郎
*厨川白村　張　競
*村岡典嗣　水野雄司
大川周明　山内昌之
西田直二郎　林　淳
*折口信夫　斎藤英喜
九鬼周造　古川雄嗣
三木　清　杉山直樹
シュタイン　瀧井一博
*西　周　清水多吉
*福澤諭吉　平山　洋
加藤弘之　田中由香里
成島柳北　山田俊治
福地桜痴　山田俊治
*村山龍平　早房長治
*島田三郎　武藤秀太郎
田口卯吉　鈴木栄樹
陸　羯南　松田宏一郎
有賀長雄　森田吉彦
*黒岩涙香　奥　武則
幸徳秋水　馬渕浩二
長谷川如是閑　織田健志
*上杉慎吉　今野　元
*吉野作造　田澤晴子
*山川　均　米原　謙
*岩波茂雄　十重田裕一
*北　一輝　岡本幸治
*穂積重遠　大村敦志
中野正剛　吉田則昭
*荒畑寒村　川村邦光
*満川亀太郎　福家崇洋
*エドモンド・モレル　林田治男
*北里柴三郎　福田眞人

高峰譲吉　木村昌人
田辺朔郎　秋元せき
*南方熊楠　飯倉照平
*辰野金吾　河上眞理・清水重敦
*七代目小川治兵衛　尼崎博正
本多静六　岡本貴久子
*ブルーノ・タウト　北村昌史
*ウィリアム・メレル・ヴォーリズ　山形政昭・吉田与志也

現代

昭和天皇　御厨　貴
高松宮宣仁親王　後藤致人
*李　方子　小田部雄次
芦田　均　矢嶋　光
吉田　茂　中西　寛
マッカーサー　柴山　太
鳩山一郎　楠　綾子
*石橋湛山　増田　弘
重光　葵　武田知己
*市川房枝　村井良太
*池田勇人　藤井信幸
高野　実　篠田　徹
和田博雄　庄司俊作
ライシャワー　廣部　泉
朴正熙　木村　幹
全斗煥　木村　幹
*田中角栄　新川敏光

宮沢喜一　村上友章
竹下　登　真渕　勝
*松永安左エ門　橘川武郎
鮎川義介　井口治夫
*出光佐三　橘川武郎
*松下幸之助　米倉誠一郎
渋沢敬三　井上　潤
*本田宗一郎　伊丹敬之
*井深　大　武田　徹
*佐治敬三　小玉　武
幸田家の人々　金井景子
*正宗白鳥　大嶋　仁
*大佛次郎　福島行一
井伏鱒二　滝口明祥
*川端康成　大久保喬樹
*薩摩治郎八　小林　茂
坂口安吾　千葉一幹
太宰　治　安藤　宏
松本清張　杉原志啓
司馬遼太郎　山本幸正
安部公房　鳥羽耕史
*三島由紀夫　島内景二
井上ひさし　成田龍一
R・H・ブライス　菅原克也
柳　宗悦　熊倉功夫
バーナード・リーチ　鈴木禎宏
*熊谷守一　[illegible]
川端龍子　[illegible]
藤田嗣治　[illegible]
*井上有[illegible]　[illegible]

*手塚治虫　竹内オサム
*古賀政男　藍川由美
*吉田　正　金子　勇
武満　徹　船山　隆
*八代目坂東三津五郎　田口章子
*力道山　岡村正史
*西田天香　宮田昌明
安倍能成　中根隆行
サンソム夫妻　平川祐弘・牧野陽子
*天野貞祐　貝塚茂樹
和辻哲郎　小坂国継
*矢代幸雄　稲賀繁美
石田幹之助　岡本さえ
*平泉　澄　若井敏明
*早川孝太郎　須藤　功
安岡正篤　片山杜秀
*青山二郎　田野　勲
*島田謹二　小林信行
田中美知太郎　川久保剛
西脇順三郎　加藤孝男
前嶋信次　杉田英明
*唐木順三　澤村修治
*亀井勝一郎　山本直人
*宮本常一　須藤　功
知里真志保　モコットゥナシ
竹内　好　田澤晴子
保田與重郎　谷崎昭男
*石母田正　磯前順一
[illegible]田恆存　川久保剛
[illegible]俊彦　安藤礼二
[illegible]満　貝塚茂樹

佐々木惣一　伊藤孝夫
高田保馬　金子　勇
小泉信三　都倉武之
*瀧川幸辰　伊藤孝夫
式場隆三郎　服部　正
大宅壮一　有馬　学
*清水幾太郎　庄司武史
*山本健吉　井上泰至
鶴見俊輔　冨山一郎
*フランク・ロイド・ライト　大久保美春
*中谷宇吉郎　杉山滋郎
今西錦司　山極寿一

*は既刊
二〇二三年十二月現在

古川秀昭
岡部昌幸
林洋子
海上雅臣

＊福
＊井筒
＊吉田

上
垣外憲一
井上寿一
片山慶隆
玉井金五

＊＊＊

正岡子規
夏目
徳